一路投奔奇迹

爱因斯坦的生命和他的宇宙

[美] 爱丽丝 · 克拉普莱斯
特拉沃 · 利普斯康姆 著
邱俊 译

国际文化出版公司

图书在版编目（CIP）数据

一路投奔奇迹——爱因斯坦的生命和他的宇宙/[美]爱丽丝·克拉普莱斯，特拉沃·利普斯康姆 著；邱俊 译. - 北京：国际文化出版公司，2011.3

ISBN 978-7-80173-607-9

I.①一… II.①爱… ②特… ③邱… III.①爱因斯坦，A.（1879～1955）-传记 IV.①K837.126.11

中国版本图书馆CIP数据核字（2007）第049006号

著作权登记号 图字：01-2007-1614号

一路投奔奇迹——爱因斯坦的生命和他的宇宙

作　　者　[美] 爱丽丝·克拉普莱斯
　　　　　　特拉沃·利普斯康姆
译　　者　邱 俊
责任编辑　潘建农
统筹监制　葛宏峰　李冶威
策划编辑　刘　鲁　古　雪
美术编辑　徐燕南
市场推广　张　蓉　刘　岩
出版发行　国际文化出版公司
经　　销　国文润华文化传媒（北京）有限责任公司
印　　刷　北京天恒嘉业印刷有限公司
开　　本　710×1000　16开
　　　　　　13.75印张　200千字
版　　次　2011年3月第2版
　　　　　　2018年12月第2次印刷
书　　号　ISBN 978-7-80173-607-9
定　　价　25.00元

国际文化出版公司
北京朝阳区东土城路乙9号　邮编：100013
总编室：（010）64270995　传真：（010）64271499
销售热线：（010）64271187　64279032
传真：（010）84257656
E-mail：icpc@95777.sina.net
http://www.sinoread.com

前 言

作为人而不是神

人们对流行歌星的热情，往往如夜空掠过的流星那样转瞬即逝。流行歌星在某段时间似乎炙手可热，可当人们的追星热情散去后便门庭冷落；他们的魅力在短时间内仿佛势不可当，对拥趸们具有莫大的影响力，然而在历史的长河中，流行偶像的影响力是有限的，往往昙花一现，很快便被不断涌现的新偶像所取代，被人们遗忘得一干二净。

在人类历史上，每个世纪总会涌现出几个跟流行偶像完全不一样的、历久弥新的永恒偶像。他们为人类的进步作出杰出贡献，在人类社会发展历程中有着经久不息的热度；他们挑战人们司空见惯的思维定式，为知识与科学发展起到巨大而深远的推动作用，帮助人们对世界的认识达成革命性的飞跃；他们的事迹和音容笑貌在人们心中刻下难以磨灭的印记，几乎社会各阶层的人都会铭记这些伟人，怀念他们为时代所做的一切。

爱因斯坦便是令世界难以忘怀的伟大人物。他既是科学巨匠也是人道主义活动家。在美国《时代》杂志的评选中，他当之无愧地被评为20世纪“世纪之人”。

人非圣贤，孰能无过。作为一个真正的人，爱因斯坦除了过人的才华和突出贡献之外，毋庸讳言，也具有这样那样的弱点。然而瑕不掩瑜，他的贡献大大超过弱点。作为物理学家，就对人类知识和科学发展的贡献深度和广度而言，自英国物理学家艾萨克·牛顿之后，他的贡献尚无人堪比。他带给我们对时间和空间性质的新洞察，并阐释光速是世间传播速度最快的物质，并预言，时间旅行不论从数学角

度、物理学角度，还是情感角度来看都是可能的。他竭尽所能为世界和平奔走呼号，即使有时他的政治见解略显天真，但对于很多人来说，他仍然是“伟大”的代名词和榜样。

为什么爱因斯坦能引起我们如此之多之大的兴趣？是什么让他在历经1905年“奇迹之年”、构建出划时代的相对论理论之后，近百年来一直在科学领域独领风骚？

毫无疑问，他的天才在其取得成就的过程中不可或缺；毕竟，是他慧眼独具，从别人司空见惯、见怪不怪的物理现象中发现了一个全新的世界。但造就爱因斯坦如此伟大的原因，不只是因为他那著名的天才大脑和过人的观察能力，也与其所具有的个人特质密切相关：他超凡的魅力和感召力，人道主义的悲悯情怀；他谦虚谨慎，深具睿智的幽默感；他临危不惧、直言不讳的勇气；他对孩子、音乐和小动物的热爱，以及在逆境中始终不变的达观、豁达。人们还总津津乐道他的一些著名的招牌式特征，比如，喜欢俏皮地眨眼睛，闻名于世的爆炸式浓密白发，他讨厌穿袜子而中意光脚穿皮鞋，对圆筒冰淇淋的特殊爱好等。

尽管在科学和人文领域是那么伟大，但并不意味着爱因斯坦在任何方面都完美无缺，至少他不能算是一个好丈夫和好父亲，他的幽默感有时显得太过尖酸刻薄，让人很难接受。不过，他这些缺点并不能抹杀其对世界进步的杰出贡献，只是更加强调了他作为人而不是神的一面。所有这些性格特点、长处短处的综合便是本色的爱因斯坦，不足之处，无损于他成为拥有非凡智慧、超凡魅力和思维深度的伟人。

一个人要想成为一名优秀的科学家或数学家，必须具备一定的天赋。诚如爱因斯坦所言，想要揭开大自然的秘密，必须对世界保持好奇心。爱因斯坦对科学研究十分投入，经常视金钱、珍宝、名誉、物质享受等为粪土，因而被一些人视为行为怪诞之人。然而，细细思量，他的行为其实并非那么不可思议：许多才华横溢的人都对他们的天赋所指向的领域十分着迷，不论是在科学领域还是体育领域，或是在其业余爱好中。爱因斯坦的前半生，对科学研究的热情压倒了一切，远甚于其后半生。他最伟大的成就是在20世纪20、30年代之前的前半生里完成的。晚年的爱因斯坦把更多的时间花在宣传自己的政治、社会和教育理念上，成了一名人道主义与和平斗士。

在本书中，我们将奉献给广大读者爱因斯坦从出生到去世的一生历程，并记录他在欧洲和美国两个大陆生活时，发生在他身上的快乐和不幸的事件。第四章、第七章和第十二章解释了爱因斯坦在物理学上的成就和他的理论。其他章节则涵盖了爱因斯坦动荡而有趣的一生中所经历的其他重要事件。我们展示给读者的爱因斯坦，不仅是一位伟大的物理学家，也是一位热切关注人类福祉和世界和平的坚定的人道主义者。他对各行各业、不同种族和年龄的人们都保持真诚的尊敬，总是竭尽所能为别人排忧解难。最重要的是，他声称，人们有义务为所处社区和社会竭尽所能作出贡献。

艾尔伯特·爱因斯坦完成他划时代的相对论后不久获得诺贝尔物理学奖。这时，他完全可以凭此卓越成就马放南山，过上安逸的生活。但他并未松懈，而是坚持艰苦的科学研究工作，不断地探索着科学的奥秘。

我们对本书成书过程中，给予各种帮助的朋友们致以诚挚的谢意：

爱丽丝·克拉普莱斯感谢一位英国朋友，他看了全书的初稿并仔细校对了全书；本书另外一位作者特拉沃·利普斯康姆屡次试图告诉爱丽丝如何写作和运用标点，但她在文中坚持了自己的写作风格。我们两人都十分感激格林伍德出版社的老朋友、编辑科尔文·道尔宁，他给我们这个机会来写作本书。我们还要感谢其他同事、朋友和家人，他们对本书的关心鞭策着我们坚持不懈地写作，最终及时地为读者奉献出本书。

目　录
CONTENTS

一
寻常百姓家的天才小孩

我的生活简单平淡，不会引起任何人的兴趣。众所周知，我亦出身平常人家，仅此而已。

——1935年4月13日爱因斯坦接受普林斯顿中学校报《塔报》记者采访记录

静谧小城乌尔姆地处德国南部，环境优美，居民大都从事农业和商业，生活平静而充实。但是小城的居民感觉到传统的田园生活发生了变化，工业化的步伐已势不可当影响到小城千百年传统的生活方式。

1879年3月14日星期五，位于城中邦赫夫街135号的爱因斯坦家一阵忙乱，一个小男孩诞生于这天上午时分。孩子的父母，保利娜·科赫和赫尔曼·爱因斯坦，对这个男孩的出生欣喜不已。生性乐观温和的赫尔曼戴着一副夹鼻眼镜，捋弄着自己的胡须，喜上眉梢地看着产床上年轻的妻子和新生的婴儿。这个可爱的新生命取名“爱因斯坦”。像所有父母那样，保利娜和赫尔曼对他们第一个孩子满怀美好期望，希望他有个光明美好的未来。孩子父母唯一担心的是婴儿与寻常孩子相比异常硕大而有棱角的脑袋，保利娜一度担忧这是某种缺陷的征兆。但医生向她保证一切良好。正如医生所保证的，小男孩的健康并无异状，脑袋很快恢复正常形状，并且茁壮成长起来。当时人们还想象不到这个小家伙不同寻常的小脑袋，后来将孕育出科学发展历史上最具创造性的想法，以至改变了人类对时间和空间的看法。

1876年婚后，赫尔曼和保利娜夫妇曾居住在德国南部符滕堡州，位于乌尔姆西南30英里的一个叫“布豪”的小镇。赫尔曼家族自16世纪50年代以来一直居住于此。保利娜家则位于更远的，距乌尔姆西北50公里处斯图加特附近的坎施塔特。结婚时，保利娜芳龄十八，赫尔曼则年方二十九岁，他俩都具有犹太人血统，不过他们对犹太宗教传统并不特别感兴趣。夫妇俩没有依犹太习俗在孩子的姓名中加入亲人名字，仅用了祖父“艾伯拉罕”名字第一个字母，这也许是为了表明他们愿意融入更广阔的主流社会的意愿。不过他们也并非完全抛弃犹太传统，比如，依然保留了对教育的极度重视和对人道主义的尊重，这种犹太传统好几个世纪之前便在全世界的犹太家庭中普遍流传，至今经久不衰。

父亲赫尔曼是一个乐观豁达的人。爱因斯坦出生前不久，他刚遭遇羽绒床垫生意的失败，但不服输的赫尔曼很快又在乌尔姆大教堂南边开了一间小型电工作坊。赫尔曼生活勤俭、工作努力，因为家境并不宽裕，新开张的电工作坊还是在保利娜资助下才得以启动的。当时欧洲正在经历第二次科技革命，电能的广泛应用成为这次科技革命的特征。许多欧洲人和美国人都在倡导更广泛地运用电能照明，赫尔曼热望能从这场技术革新浪潮中寻找经济机会，为自己的家庭赢得体面的生活。人类知道电的存在虽已有两千五百多年的历史。根据记载，米利都城邦的古希腊哲学家泰勒斯早在公元前5世纪时便发现琥珀被摩擦后能吸引重量轻的物体，琥珀因而在古希腊亦名“电子”。但在当时的欧洲，除了电报和电话等少数几种，其他实用电器在爱因斯坦出生时仍屈指可数，如被誉为“门洛帕克的巫师”的美国大发明家托马斯·爱迪生正为新发明的电灯泡申请专利，德国西门子公司则准备在柏林展示世界上第一辆有轨电车。不过更多新电器的发明已初现曙光。

不幸的是，赫尔曼的经商才能尚不如其丰富的幽默感那样运用自如。他的乐观主义既没能鼓舞研究的士气发明新产品，也无法促进产品销售增加。这个电工作坊未能等到小爱因斯坦满一岁便不得不倒闭。屡次失败令赫尔曼深受打击，但天生的乐观使他经受住了打击，没有失去勇气。不过，从失败中他总结出要想获取成功，应该把家搬到其他大城市，那里才有足够大的市场。赫尔曼与当工程师的兄弟雅各布长谈后，兄弟俩决定于1880年6月将家搬到德国东南部的巴伐利亚省首府慕尼黑城。在慕尼黑这个工业高度发展、天主教人口占主导地位的大城市，两兄弟合伙开设了一家电气化工场，一家人也跟随到这个陌生的城市开始全新的生活。

离开出生地乌尔姆时，小爱因斯坦年仅一岁左右，尚处于懵懂之中，对乌尔姆小城并未留下什么印象。

爱因斯坦出生前几年，德国的符滕堡和巴伐利亚还是各自独立的诸侯国。1871年，这两个地方与其他德国州郡一起并入普鲁士王国成为新德意志帝国的一部分。新帝国的首脑奥托·冯·俾斯麦来自普鲁士邦。这个王国的居民以严格的纪律，对长辈和权威从不质疑的服从及对社会权贵的毕恭毕敬著称。新政权很快将德国南方农庄经济纳入国家的城市化进程，迫使南方农民走上一条他们并不熟悉的工业化道路。显然，幼年时期发生的这一社会变迁对小爱因斯坦成长的影响至为深远。

当赫尔曼在慕尼黑开始新商业尝试时，保利娜也在这个城市一间租来的房子里建立了他们的新家，和孩子们一起充满希望地等待着他们家族生意能够兴旺发达。这次赫尔曼似乎从往日的失败中汲取了教训，他的新工场顺利开张并且很快兴旺起来。不到五年，爱因斯坦一家告别租来的房子搬到一个位于城郊的更宽敞的家中。同时，家庭新成员的到来让他们很快便有了一个四口之家。1881年11月，在他们搬到新家一年半以后，爱因斯坦的妹妹玛雅降生了。关于妹妹降生，有一则趣闻。父母告诉他从此有新玩伴可以一起玩耍了，当时年仅两岁半的爱因斯坦看到父母抱来新生的小妹妹时失望地问道："她就是我的新玩具吗？它的轮子在哪儿呢，没轮子我怎么玩啊？"

从爱因斯坦幼年的成长历程上看，他早年的智力发展并未预示出未来的天才，反而显得有点令人担心。比如，他学说话的年纪很晚，直到妹妹玛雅出生前后才开始牙牙学语。好像是为了补偿失去的时间似的，他一开始便试图说完整的长句子。但是他在大声说出整句之前总要先低声默念一遍，这种状况持续了好几年才终于恢复了自然的说话方式。因此，人们总是觉得这个小孩似乎说每一句话总要重复两遍，先用很低的声音念第一遍，然后第二遍才正常出声。据一些医生的记录，可以发现爱因斯坦直到十岁左右说话才变得流利起来，从现在的观点看他可能患某种形式的少儿诵读困难症。在爱因斯坦后来的岁月中，他自己也承认一直以来对单词的记性并不好。实际上，他在接受一个采访时对来访的心理学家说："我极少完全通过词句来思考。一个想法首先浮现在脑海，之后我才可能试图用词句把它表达出来。"可以推测，这些童年的经历养成了他的思维习惯，也许这是他后来得以因其创造性的"思维试验"而闻名于世的早期原因。

小爱因斯坦习惯于自己独自玩耍，常常一个人沉浸在搭积木和解字谜的自娱自乐中。小时候的他脾气并不温顺。据家人描述，他生气时整张脸除了鼻尖转为白色外，其余部分均变为黄色，且可能会失去自我控制。有一次发脾气时他把气撒在家里请来的小提琴老师身上，举起一把椅子就朝她砸去，另外一次则用泥铲和九柱游戏用的小球敲打跟他一起玩的妹妹玛雅的头部（基督教早期，德国僧侣曾用一种德语中叫Kegel的棍棒来防身自卫。在游戏中，Kegel代表一种罪恶或名声，僧侣们会朝这些棍棒扔石头直至它们被打翻。今天的德国游戏Kegelen中设有九条细小的保龄栓和一个球）。

另一方面，玛雅在关于其兄长的相关传记中提及，爱因斯坦会花上好几个钟头耐心地用积木建造超过14层高的积木房子，那时，他绝对全神贯注，任何事都无法阻止他。对父母或其他人给的新玩意儿，小爱因斯坦总是十分珍惜，玩的时候小心翼翼，而且总是锲而不舍地耐心学习如何使用这些东西。爱因斯坦成名后声称自己并不如别人聪明，只是比别人更好奇一些，还说他天生的孩童的好奇心一直持续到成年以后。他在给同事的一封信中写道："我……成长得很慢，直到成年以后才开始试图探索空间和时间的问题。然后，我比成年人更深入、持久地钻研了这个问题。"他希望通过自己的例子说明，通常是小孩而非大人会去思考这类显而易见、司空见惯但蕴涵着深刻内涵的日常现象。正是在这些许多人视而不见的日常现象中，爱因斯坦完成了划时代的发现。

关于爱因斯坦童年时期表现出来的一些怪癖的行为，有学者声称可能是孤独症的症状。如英国剑桥大学长期研究孤独症治疗的一位教授最近声称爱因斯坦孩童及晚年时期的一些反常行为可能是孤独症的症状，不过尚属轻微程度，还未对行为产生太大影响。然而这些一家之言不必太当真。翻开人类有史以来的记载，围绕伟大人物的神话和逸事层出不穷，其中许多试图解释伟人之所以睿智或作战勇敢的原因。这些猜测性解释中有些可能是正确的，更有可能是错误的。从关于爱因斯坦的真实史料记载看来，即所谓爱因斯坦患有精神疾病的可能性很小。关于爱因斯坦的民间说法中，他的一些行为确实可能符合孤独症某些症状，如他社交能力低下而笨拙，写作能力低下，沉默寡言，是有名的蹩脚演讲者。但这些均不是事实，而仅仅是持此论者的猜测或歪曲。恰好相反，从史料得出的事实表明，爱因斯坦朋友遍天下，而且许多人是终生不渝的好朋友；他写的文章在阿劳中学时给考官留下了很深刻的印象；而他的演讲词中不乏精彩之篇。退一步说，即使这些说法都是真的，也不能推断爱因斯坦一定患有所谓的孤独症，因为即使被公认为健康的人，有时也总会表现出性格中的弱点，这些症状或多或少总有可能发生在人们身上。加州大学圣地亚哥分校一些精神病学家也反驳前述剑桥学者的说法，他们研究认为拥有良好的幽默感在患有严重的孤独症的病人中不可能出现。爱因斯坦的智慧众所周知，而他的幽默风趣有过之而无不及。爱因斯坦晚年有一次在他的普林斯顿高级研究所工作时，发现他那只叫“老虎”的猫在一个雨天中看起来情绪低落，他风趣地向猫咪表达同情说：“我知道问题所在，伙计，但我不知道控制下雨的开关在哪里，没法帮你关掉它。”如此睿智风趣的智者，看来不太可能是所谓的轻度孤独症患者。

在爱因斯坦五岁时的一天，父亲送给他一件带来终生影响的小玩意儿——一个神奇的指南针。这个不断地指向南边的小磁针使得年幼的爱因斯坦对自然的神奇力量十分好奇和敬畏，在他幼小的心灵留下难以磨灭的印记。他第一次意识到在自然中存在着人们看不见的神奇力量，让他对其中的奥秘萌生了探索的向往。这个魔力磁针给他的深刻印象非常持久，即使到了晚年爱因斯坦依然对它津津乐道。

同一年，即1884年，爱因斯坦还没达到进入慕尼黑小学的年龄，重视孩子教育的爱因斯坦夫妇便聘请一位家庭教师在家教育小爱因斯坦，让他学习一些启蒙知识。

1885年秋天，六岁的爱因斯坦进入社区天主教小学上学。他是班上唯一的犹太学生。宗教教育是学校课程的一部分，爱因斯坦对《圣经》故事和天主教圣人很是熟悉，可能缘于这段学校生涯所学的课程。虽然并不太重视宗教和犹太传统的赫尔曼和保利娜都无法胜任亲自教孩子这些知识，不过他们还是希望给孩子了解犹太民族遗产的机会，所以放学后的课余时间就由一位远亲给他传授宗教源自传统方面的课程。那时爱因斯坦对传统宗教颇感兴趣，特别是对天主教和基督教。多年以后，爱因斯坦的著作于1949年，他在为入选当代在世哲学家文库所写的《自述》中写道：“就这样，我由此……达至对宗教的笃信，但这一进程在我十二岁时戛然而止。”他用“宗教的笃信”这个词使自己有别于广泛流行的宗教迷信。他至死都认为自己在更广泛意义上是“虔诚的”，并尽力解释此中深意（具体见第八章结尾部分）。不过就其宣称所信奉的个人宗教信仰“宇宙宗教”而论，他实际上是一名无神论者。

爱因斯坦六岁左右开始学习拉小提琴，一直学到十四岁。音乐对这个有时脾气很坏的小家伙有着特殊的镇定作用，事实上他也在音乐方面表现出相当高的天赋。他终生热爱音乐，既喜欢聆听也喜欢自己拉小提琴和弹钢琴。爱因斯坦在1929年接受采访时说：“如果我不是个物理学家，则可能成为一名音乐家。我整天沉浸在音乐的遐想中，把自己的生命当做音乐中的乐章。我生命中大部分欢乐都来自音乐。”有人曾报道过爱因斯坦是个不错的音乐家，但其他人对此并不以为然。一个专业小提琴手称爱因斯坦“拉起小提琴来姿势难看，像个伐木工在伐木”。一个著名的钢琴家在与爱因斯坦一块弹琴时对他说：“看在上帝的分上，艾尔伯特，你会不会识谱啊？”而一名柏林的音乐批评家误以为爱因斯坦的大名是因为他的小提琴演奏，而不是因其物理学理论。他听过演奏后评判道：“爱因斯坦的演奏非常棒，不过这并不足以让他获得世界声誉，有许多人能拉得跟他一样好。”爱因斯坦的兴趣还不仅限于此。他后来曾说宁愿选择做一个水管工或销售员，甚至曾向工科学生暗示做一名灯塔守护者亦有其可取之处——显然，这是个兴趣广泛的人。他选择、推荐这些行业并非认为物理学不适合他，而是因为觉得在从事这些工作的时候也能兼顾物理学的思考。

1888年秋天，九岁的爱因斯坦在慕尼黑升学进入当地一所九年制高级文法中学读一年级。在此期间他接触到一些犹太孩子，但并未结交特别亲密的朋友。他显得有些孤僻不合群，在孩子们和老师中并不十分招人喜爱。他的一个老师还认为他将一事无成，并责怪他的出现破坏了班级尊师的风气。另一个老师则责备他的记忆力糟糕得像个筛子，刚发生的事像水一样很快就从他脑中流走了。

在当时德国教育体制下，老师们都很严格、死板，要求学生务必对老师毕恭毕敬。德国学校体系往往规定严格的行为规则，采用严苛的课程设置。学校规定课程成绩的好坏往往取决于学生是否拥有良好的记忆力，是否擅长死记硬背。当众羞辱未预习课文的学生在那时的学校十分普遍，甚至连体罚也被认为是必不可少的教育手段。爱因斯坦后来写道：“对我而言，最糟糕的事是学校主要通过恐吓、强制和虚假的权威来维持运作。这些做法损害了学生的健康情感，人与人之间的真诚以及他们的自信”，

“来自无知和自私老师的羞辱和思想压迫对年轻心灵造成极大伤害。这些伤害是无法弥补的，其恶劣影响甚至将伴随受害者终生”。此外，他特别讨厌学校实行严格的军事化管理，可能受此影响，爱因斯坦后来成为一名和平主义者。他说：“如果一个人认为能从呆板的军事化操练中获得乐趣，那么他足以让我鄙视。”严格而苛刻的教育方式与爱因斯坦天马行空、独立思考的个性格格不入。可以想象，只要是像他那样不甘于做老师宠物的孩子极可能会引来拥有绝对权威的老师不符事实的负面评价。

尽管如此，爱因斯坦还是遇上了最喜欢的老师，即他在文法中学的指导教师。在四年级和六年级时他还教过爱因斯坦历史、拉丁语和希腊语。爱因斯坦甚至不在乎下课后被老师留下一同补课，还把这当做一件乐事。还应提到的是，他所在的中学是德国最好最大的中学之一。他上学时，这所中学还因其所具有的自由主义氛围在启蒙学校中享有盛誉。如此看来，也许爱因斯坦的郁郁寡欢和糟糕的记忆更多地与他自己的个性和个人经历有关。但也可能是他挑衅责备他的老师或他的记忆力被德国通常采用的压迫式的教学方式扭曲所致。

从这时开始直到离开中学，他对物理、数学和哲学的兴趣逐渐从学校日常学业之外独立发展起来。他的工程师叔叔雅各布和一个叫麦克斯·泰尔米的年轻医学院学生在爱因斯坦乏味的中学期间对他影响巨大。麦克斯·泰尔米从1889年到1894年期间每周一次在爱因斯坦家吃午餐。泰尔米和雅各布叔叔对爱因斯坦与生俱来的对每件事刨根问底的好奇心大加鼓励，不论是指南针还是宗教，他们都尽力帮助解答疑问。泰尔米不断带来流行的科学读本，尽力满足这个好奇小男孩的兴趣。他还带来一堆堆的哲学书，一起讨论爱因斯坦提出的许多问题。这时候的爱因斯坦对外部世界的求知欲如饥似渴。让爱因斯坦高兴的是，在他们的讨论中泰尔米对他平等相待，从不计较他们年纪的不同。泰尔米付出的时间和提供的知识正当其时，爱因斯坦正处于从小男孩逐渐成熟到一个能独立思考的成人的年纪，对这些有益的知识吸收得很快。这些书籍大大拓宽了爱因斯坦的视野，使他不仅限于爱好数学，对所有的自然科学都兴趣盎然。

爱因斯坦十二岁时已看过许多科学和数学书籍，开始对《圣经》所载的诸般奇异故事产生了疑问，并且对传统宗教合理性产生了动摇，最终促使他抛弃宗教信仰。由于觉得国家在说谎，阻挠年轻人正确认识世界，爱因斯坦从此对宗教深恶痛绝，尽管他后来还是发展出一些个人宗教信仰。与此同时，爱因斯坦继续自学科学和数学，在学校中这些科目他也表现得颇为擅长无可挑剔。在这期间，爱因斯坦阅读了特别珍视的"神圣小几何书"，这可能是叔叔雅各布给他的一小本装订的几何书。书中逻辑清楚的阐述对爱因斯坦影响巨大，这本几何书是继父亲赫尔曼在他五岁时送给他指南针之后的"第二奇迹"。此后他阅读了许多更高深的此类书籍，对解析几何和微积分掌握得十分精通，很快就能够证明数学定理、解决一些数学难题，甚至能用自己的方法证明平面几何中的毕达哥拉斯定理（勾股定理）。他从科学和数学的学习中发现了最大的乐趣，所以并不热衷于在同学中结交些亲密好友。就像前辈物理学大师牛顿一样，爱因斯坦也对古典几何逻辑推理的形式十分着迷，认为这种几何推理思路清晰而轮廓鲜明，具有深刻的美感。爱因斯坦后来在1935年接受美国新泽西州普林斯顿一个中学校报记者采访时回忆起儿时学数学的乐趣。他说："十二岁时的我刚开始了解基础数学，就惊喜地发现仅仅通过推理便可能发现真理。……我越来越相信即便是自然也能被理解为一种相对简单的数学结构。"

有人说爱因斯坦小时候并不是一个好学生，这或许是一种误解。很可能起源于老师对他并不客观的负面评语，或者是学校成绩评分方法的改变使然。那时德国中学对学生成绩的计分方式是，在1至6分的范围内，"1分"有段时间被当做是最高分数，但这个评分方法不久后被颠倒过来，"1分"成了最差的等级。他的数学和物理成绩总是获得最高等级，其他科目也能得平均以上的分数。唯一较差的科目是外语，爱因斯坦从来对此毫不讳言。实际上，他到美国以后也从来没有真正掌握好英语，毕竟那时他已届中年，不过他可以很好地听英语，看英文报纸。平心而论，在爱因斯坦的学生时代，特别是中学学习中确实没有显示真正"天才"的一面。一直到二十多岁后爱因斯坦创造性地用全新的角度进行有关时间和空间的物理学研究时，他的过人才华才光芒毕现。

十三岁的爱因斯坦对哲学和音乐的兴趣更加浓厚。他研读了德国哲学家伊曼努尔·康德的著作《实践理性批判》，其中关于自由意志的哲学理论在爱因斯坦心中引起了共鸣。他可能阅读了书结尾处康德的那篇著名的宣言。宣言中称：“有两种东西让心灵充盈生生不息的新奇和敬畏：即高高在头顶之上的星空和其中所蕴涵的自然之律。”这句话常被爱因斯坦引用。与此同时，爱因斯坦决定放弃小提琴课程，因为他开始觉得小提琴老师的教学有些枯燥并且太过机械，转而开始自学自练，并从中获得极大的满足。他最喜欢的曲子是莫扎特的小奏鸣曲，他认为这些曲子是如此纯净、美妙，简直是宇宙内在美的体现。莫扎特小奏鸣曲后来成为爱因斯坦的毕生最爱。他曾告诉自己的儿子汉斯说：“坚持练习莫扎特的小奏鸣曲吧！我也是从中逐渐了解音乐的。”

1894年，家族生意的变故迫使爱因斯坦一家决定迁离慕尼黑。通过制造安装路灯、承接城市照明设施工程、制造电表、电机及其他城市用电设施，赫尔曼、雅各布兄弟的公司在慕尼黑的生意颇为红火，顶峰时公司雇员一度达到近200人。但很快便有其他实力更雄厚的大公司加入竞争，在政府工程招标中击败了他们公司，断了他们主要收入来源，因此兄弟俩决定放弃德国的公司到意大利北部城市米兰的帕维亚城碰碰运气。背井离乡的感觉总归不好受，特别对小爱因斯坦和玛雅更是刻骨铭心。敏感的爱因斯坦年仅十五岁，但已能体会到生意场上的风云变幻对家庭的影响和与家人离别的痛苦。其中，导致他们家生意失利的原因中隐含的反犹情绪从此让爱因斯坦对出生国德国一直心存芥蒂。

因为父母不愿让爱因斯坦中断在慕尼黑的学业，就把他一个人安排住在慕尼黑的一位远亲家继续上中学七年级。这样一来，他还需继续在深恶痛绝的学校中忍受军事化的管理，而且从此告别温暖舒适的家庭生活，这对他来说简直遭透了。在痛苦等待父母的来信中过了几个月后，爱因斯坦瞒着父母，给学校留下一张医生开出的“神经衰弱”诊断证明后离开了学校。当年12月，爱因斯坦只身一人乘火车离开慕尼黑到意大利米兰寻找家人。

当看到远道从慕尼黑一路赶到意大利米兰的小爱因斯坦出现在眼前，保利娜和赫尔曼十分惊讶。跟家人重逢后，爱因斯坦恳求父母把他留在米兰跟家人在一起，这让赫尔曼夫妇俩感到很为难，因为他们既不希望爱因斯坦荒废在慕尼黑中学的学业，但又心疼孩子一个人留在慕尼黑。后来爱因斯坦向父母保证他会自学通过1895年秋天的苏黎世联邦技术大学的入学考试，父母才将他留在身边。在当时的欧洲，苏黎世联邦技术大学是有志于科学技术学生的最佳选择。它不要求申请者必须具有中学毕业证书，只须在入学考试中取得较好成绩即可入学。进入这所学校是爱因斯坦的理想，也是当工程师的叔叔雅各布和讲求实际的母亲保利娜的期望。

爱因斯坦很享受在意大利的生活。接下来的一年，他学习非常勤奋，同时空余时间还帮助叔叔搞一些设备的设计工作。他的学习习惯很是奇特。妹妹玛雅回忆说，哥哥即使身处嘈杂环境当中仍然能集中精力不被打扰，他常常坐在沙发上“手中拿着纸笔，不时小心翼翼蘸蘸扶手上的墨水瓶，完全专注于学习中，周围的人声鼎沸丝毫不能影响他”。爱因斯坦对考上苏黎世联邦技术大学的目标毫不含糊。学习功课之余，出于个人爱好他开始写首篇科学论文，并寄给远在德国的一个物理学家亲戚过目。这篇论文表明了他对电磁现象的兴趣，也显示他对当时电动力学的研究颇有心得。

十六岁的爱因斯坦在空闲的时候也开始思考时间和空间的问题。他试图描述追逐一束光线的情景：能否与光线速度并驾齐驱，能否比光线快赶上光线？他在1949年的《自述》结尾处写道：“如果我以常数 c 速度（光在真空中的行进速度）追赶一束光线，则可观测到这束光波在电磁场中处于静止状态……一开始直觉便清楚地告诉我，如果这是正确的话，同样的道理，相对于地球的静止的观测者，则也将发生同样的现象，但显而易见这种情况不可能出现。”他还继续联想，如果人们骑上一束光线，以每秒186324英里的速度风驰电掣，将看到怎样的一个世界呢？从飞驰的火车上射出的光线是否比从静止的火车上的速度更快些？这些构想成为爱因斯坦发现狭义相对论的基础。他在狭义相对论（见第四章）中创造性地提出光速恒定的理论，即不论射出光线的物体以何速度运行，光线均以匀速前进。狭义相对论对人们认识时间和空间具有巨大的启示作用。

1895年爱因斯坦十六岁那年夏天，爱因斯坦家从米兰搬到意大利南边的帕维亚，但是很快第二年秋天又搬回米兰。爱因斯坦在此期间徒步翻过亚平宁山拜访住在意大利西部城市热那亚的亲戚。

1895年10月，他坐火车到邻近的瑞士参加苏黎世联邦技术学院（后改为联邦技术大学，即ETH）的入学考试。年仅十六岁的他离入学年龄还差两岁，是靠父母在当地的一位好友帮忙才被准许提前参加考试的。爱因斯坦数学和科学科目获得高分，给学校一位教授留下深刻印象，特许他留在苏黎世旁听自己的课。但技术学院的校长阿尔宾·赫尔佐格认为尽管爱因斯坦颇具数理方面的天赋，但也许还未准备好开始大学生涯。他建议爱因斯坦再等一年，在入学前好好把外语和历史方面的知识缺漏补上。与爱因斯坦一家熟识的老朋友古斯塔夫·米埃尔说服爱因斯坦父母让孩子到瑞士的中学读一年工科班。于是，爱因斯坦便遵照父母安排进入苏黎世附近阿尔高郡的高级文科中学阿劳中学，并于一年后顺利毕业，免试进入苏黎世联邦技术学院。

二
天才头脑如何炼成

教育的价值……不在于学习大量已知事实，而在于训练你的头脑去思考教科书里学不到的东西。

——爱迪生认为大学教育毫无用处，他对此发表评论

爱因斯坦进入苏黎世联邦技术学院前，在阿劳中学快乐地度过了受益匪浅的一年。在瑞士，学校制度与在德国有很大不同，不那么严格压抑、一本正经，学习气氛宽松友好，有自由学习之乐而无严厉处罚之忧，很适合爱因斯坦的个性。学监和老师们也采取灵活态度，对学生因材施教而非呆板的军事化管理，鼓励学生培养独立思考和处世的能力。同样，学生们对老师十分尊敬，师生关系非常融洽，孩子们都乐于向老师们请教问题、寻求帮助。

就成长环境而言，瑞士联邦是世界上著名的和平中立国，历来无意发动战争征服其他民族或攫取别国领土。虽然它的军队属于世界上最好的军队之一，但只为了防卫而存在，没有任何侵略的意愿。因此，这个风景优美、民风淳朴的欧洲小国是像爱因斯坦这样性格独立、才华横溢并且有政治抱负的人理想的成长环境，这里对他后来形成和平主义信念具有重要影响。

除了国家的良好和平主义传统，瑞士联邦的阿尔高郡也具有令爱因斯坦着迷的地方，这里的学校历来倡导自由、世俗的教育传统，并以其完备的物理和工程实验室闻名于当时，亦为爱因斯坦天才的培养提供了很大助益。阿劳城是这个富饶北部州郡的首府，离苏黎世大约半小时车程，城中七千多户居民中的大多数都能说德语，人们主要从事烟草、草莓种植和绸缎纺织。阿劳小城不远处，阿勒河在此与苏尔河交汇，往北流入莱茵河。阿劳中学是苏黎世联邦技术学院的预备学校，由两部分组成，一部分是高级文科中学部，一个年级有五十多名学生；另一部分是由工科和商科组成的工商专科部，其中和爱因斯坦同年级一起就读工科的有64名学生。

他在阿劳中学求学期间一直寄宿在和他们家熟识的约斯特·温特勒和保利娜·温特勒夫妇家。这个温馨家庭给爱因斯坦的异国生活带来很多快乐和温情，令他始终心存感激，它为爱因斯坦营造了十分和谐的家庭小环境，在这里，爱因斯坦获得了温特勒夫妇和家里兄弟姐妹们的爱。

约斯特·温特勒教授性格温和，平易近人，是阿劳中学颇受欢迎的希腊语和历史学老师。温特勒夫妇与七个儿女一起组成一个热闹的大家庭。爱因斯坦很快便感到温特勒夫妇对他的关爱，他亲切地叫他们“温特勒爸爸”、“温特勒妈妈”。他也很钦佩温特勒关于政治、宗教和自由方面的主张，并把他对德意志帝国的质疑称为“有预见性的”。

也就是在阿劳中学的那一年里，爱因斯坦开始了平生第一次恋爱，他喜欢上了比他大两岁的温特勒的女儿玛丽。他得知玛丽喜欢拉小提琴后，找机会向她展示了自己的小提琴天赋，顺利博得她的欢心。这个策略很成功，玛丽不久便同意做他的女朋友。爱因斯坦回到帕维亚与家人一块过复活节时，短暂假期中备感寂寞的爱因斯坦在信中向玛丽倾诉思念之情，但他仍甜蜜地说：“爱情给人的欢乐远多于两地相思的痛苦。”可惜的是，这桩爱因斯坦和温特勒两家的父母均很满意的浪漫爱情仅持续了一年便在爱因斯坦满心愧疚中遗憾落幕了。离开阿劳后，爱因斯坦一直与温特勒家保持亲密联系，妹妹玛雅1910年嫁给了玛丽的兄弟保罗，延续了两家的姻缘和亲密关系。

1896年初，即爱因斯坦进入阿劳中学后三个月，一方面出于对德国政府穷兵黩武的反感；另一方面担心被德国当局强迫服兵役，他征得父亲的许可后作出了一个大胆的决定——放弃德国国籍。那时他到瑞士不过才三个月，却有一种宾至如归的亲切感。他对德国的糟糕印象可能部分要归因于在德国学校里的不快经历，他对批评的敏感以及家族生意的失败。到阿劳以后，他也决定与包括犹太教在内的任何宗教断绝关系。以他的理解，他觉得犹太信仰没给他带来什么有价值的东西，因此宣布从此自己“不再从属于任何宗教”，当然，他只是与宗教脱离关系，并非与家族传承脱离关系。他的和平主义主张也得以发展，拒绝与泛滥于德国的军事至上主义者为伍。总之，他很快倾心于瑞士民主、文明的生活方式，这里宽松自由的气氛更适合他。爱因斯坦已准备好为成为瑞士公民，即使为此等上五年亦在所不惜。在大学的几年里，他既已放弃德国国籍，而瑞士国籍则还需等待，这段时间，他是个地地道道的无国籍世界公民。

在阿劳中学，爱因斯坦被同学们认为是个特立独行的人。当时中学里大部分学生都想学法律、医学或教师专业，但他一点也不想学这些大学里的热门专业，而是一门心思扑在被视为冷门的物理、数学等专业上，准备投身于数学和物理学研究。从这时期，他开始认真考虑自己的未来，他在题为《我的未来计划》的法语期末考试作文中写道：“幸福快乐的人太满足于现状，不大会考虑未来的事情。”在这篇还存在不少语法错误的法文作文中他说他将投身于科学事业，这是他“针对自己长于抽象、数学思维但缺乏想象力和实际操作能力的特点制定的个人规划”，并认为这些优缺点将决定他的未来。他继续写道，因为他喜欢从事科学和数学这类事情，选择科学方面的职业作为未来事业是顺理成章，并认为从事科学职业能让自己发挥独立思考的长处，这对他来说很有吸引力。然而他后来取得的成就证明，他的自我评价并不是那么准确。事实证明他的实际操作能力很强，而且在接下来的十年里也证明了自己非凡的想象力。1929年他为此写道：“想象力比知识更重要。因为知识是有限的，而想象力可以拥抱整个世界，可以促进人类的进步。”

1896年秋天，爱因斯坦即将结束在阿劳中学的学习生涯。在完成最后的写作和口语考试后，他以全班最高总分从这个给他带来美好回忆的学校毕业了。他的数学、物理和德文写作获得最高分，他在这些科目的杰出表现以及他准确优美的文笔给考官留下了很深的印象。最糟糕的分数来自他的法语和地理科，但也在平均分以上。

1896年10月底，爱因斯坦依依不舍地告别温特勒一家来到苏黎世。他进入苏黎世联邦技术学院，这所大学从1911年以后改名为联邦技术大学。从此，爱因斯坦开始了难忘的大学生涯。大学期间他广泛涉猎各门学科，积极参加各种学术讨论活动，为他天才的积累和发展奠定坚实的基础。

苏黎世联邦技术大学拥有良好的教学、科研环境和强大的师资力量，是欧洲乃至世界最好的科学和工程大学之一，吸引了许多国家的精英学子到此求学。爱因斯坦在此可以“海阔凭鱼跃，天高任鸟飞”，尽情施展自己的才华。他所在的数学系一般不提供统一课程，学部主任为每名学生定制了一个跟物理学专业学生课程很相近的课程学习计划。由此可见，爱因斯坦并未如长辈所愿学习工程专业，他最终选择了物理学。苏黎世联邦技术大学学生均被要求在主课之外选修至少一门辅课，兴趣广泛的爱因斯坦一下子选了哲学、政治学和经济学三门课。为了在大学里大展宏图，他还专门在校旁租了一间房屋以方便学习。

然而，年轻的爱因斯坦显然不是苏黎世联邦技术大学的模范学生。这

位年轻的物理学家在大学时代显得缺乏耐性还有些自负，常常尖刻地批评他认为愚蠢的人和事。他还经常从自认毫无价值的科目逃课自学感兴趣的科目或宁可整天泡在物理实验室——他认为自己能够通过实验直接感知物理学中最重要的问题。他注册了至少九门数学专业的课，但并没有全部上完。他常常满不在乎地从认真听课的同学那里借来课堂笔记一抄了事。就是在抄笔记过程中，爱因斯坦结识了马赛尔·格罗斯曼，他总是慷慨地和爱因斯坦共享听课笔记。爱因斯坦写道："如果没有这些课堂笔记，我都不敢想象自己该如何应付这些课程。"格罗斯曼当时是数学专业的学生，他们俩成为终生十分要好的朋友，在学术上也保持亲密合作。后来，当爱因斯坦忙于广义相对论的研究时，格罗斯曼帮助他完成该理论的复杂数学处理，将广义相对论理论用数学语言表述出来。

在苏黎世联邦技术大学第一个学期结交的朋友中，有个与他同在物理专业的女孩叫米列娃·马利奇，她比爱因斯坦大四岁，出身于塞尔维亚诺维萨德的一个富裕的地主和法官家庭。一位朋友在1898年写道，米列娃"是个很好的女孩，聪明而端庄，娇小玲珑，举止得体，但长相一般，腿脚微跛"，她与爱因斯坦一样爱好物理学和音乐。爱因斯坦对一头黑发的米列娃身上所散发的知识女性的智慧和成熟颇为着迷，两人很快坠入爱河。这对恋人经常跟朋友们组成小组一块演奏乐器，米列娃弹钢琴或她的塞尔维亚坦姆布里扎琴，爱因斯坦则通常在边上拉小提琴。

1899年秋天，爱因斯坦终于达到申请瑞士公民资格的居住年限，便着手开始办复杂的申请手续，包括填长长的问卷，提供父母同意的声明、出生证明、所在国警察局开具的良好操行证明、财务状况证明，与瑞士相关委员会面谈，缴纳申请费。他申请瑞士国籍既有对该国开明的政治和学术制度的向往，也有相当现实的考虑。因为一年后他就可能要开始找工作了，但要在瑞士谋得一份教职或其他工作必须具备瑞士公民资格。

申请国籍的同时，爱因斯坦继续专注于苏黎世联邦技术大学的学业。他聪明地有选择地安排自己阅读大量专业书籍，使自己了解物理学最前沿的知识，并与米列娃、格罗斯曼等一起讨论。同时也花大量时间做实验，这应该是学习中最费时耗力的部分。大学四年级时，为了通过毕业考试，他不得不采用自己一直深恶痛绝的死记硬背式学习。这个痛苦的经历他后来称之为“噩梦”，认为考试给自己和其他学生带来极大的心灵创伤。在一篇题为“噩梦”的短文中，他呼吁应该废除通过毕业考试才能从学校毕业的规定，认为这项制度无助于测试学生的知识，只是鼓励学生去死记硬背和生搬硬套，不但毫无用处，而且害人不浅。毫无用处是因为老师无法从考试中考察他们许多年来教给学生的知识情况，害人不浅是因为把孩子的未来命运就像赌博一样压在通过考试上，往往给孩子带来巨大压力，容易让他们在考试前夜噩梦连连，以至造成心理创伤。

无论如何，爱因斯坦最终有惊无险地完成在苏黎世联邦技术大学最后一年学习，顺利拿到毕业证书。然后他返回意大利的家中，和家人一起在意大利风景优美的卢塞恩湖一起度过大学毕业后的首个暑假。母亲保利娜不断地追问关于米列娃的情况，她已有所察觉他俩的恋情。爱因斯坦无奈之下向母亲坦承恋情，表明将来要娶米列娃为妻，保利娜当即大动肝火坚决反对，甚至还假装痛哭向爱因斯坦施压。爱因斯坦向米列娃描述当时的情形时说：“妈妈一头扑倒在床上，用枕头捂在头上，像小孩子那样号啕大哭。”母亲的反对态度一直持续了好几年，但爱因斯坦依然对米列娃一往情深，忠诚得甚至连他的朋友们都颇为惊讶，他们也不明白爱因斯坦为何对这个其貌不扬，甚至连身体说不上健全的女人感兴趣。所谓“情人眼里出西施”，对爱因斯坦来说，米列娃不但娇美可爱，而且是能与他一块在物理学领域比翼齐飞的知音。

1900年秋天，很不适应死记硬背式毕业考试的爱因斯坦成绩平平地正式从苏黎世联邦技术大学毕业。该届数学物理专业毕业生总共有五人，爱因斯坦成绩仅名列第四但总算拿到了毕业证，第五名的米列娃则没能取得毕业证。由于老是缺课并且过于自负，尽管他一身才华却不得教授们的喜欢，特别是系主任——他和米列娃的物理学导师海因里希·韦伯教授。根据惯例，由于数学、物理等专业的毕业生向来比较少，助教难得，韦伯教授通常会在当届毕业生中选取助教。但是，他和米列娃都没能循惯例在韦伯教授那获得助教之职，尽管他俩是物理专业仅有的两个毕业生，教授却选择了来自数学专业的学生。爱因斯坦和韦伯教授的交恶由来已久。一方面，因为韦伯是那种守旧老套的德国人，爱因斯坦历来不喜欢这种人；另一方面，韦伯教授则认为爱因斯坦生性叛逆而且学习也不出众，对他一直不是很喜欢，所以两个人的关系相当糟糕。米列娃对韦伯没让她通过毕业考试更是怀恨在心。

1900年夏天，米列娃回到匈牙利的家住了几个月，到这年秋天快结束时才返回苏黎世与爱因斯坦一起学习准备她的毕业补考。直到12月，米列娃因为一直以为她心爱的爱因斯坦会很快获得工作机会，担心他将很快离开苏黎世到别的地方工作而闷闷不乐，她说："他会把我一半的生命带走。"其实那时爱因斯坦的工作毫无着落。

踏入20世纪的1900年，科学家所获得的技术和科学进步正给人们的日常生活带来巨大改变。科学家的努力已开慢慢揭开原子的奥秘。德国物理学家麦克斯·普朗克在这一年提出了自己的大胆假设，即原子是通过量子形式一小包一小包不连续地发射和吸收辐射，这一假设开辟了量子物理学的崭新领域。也是在这一年，新西兰物理学家厄内斯特·卢瑟福发现了伽马射线，该射线里含有阿尔法、贝塔射线中所没有的光子。西蒙德·弗洛伊德也在这年发表了划时代心理学著作《梦的解析》，开创了精神分析的先河。意大利人古列尔莫·马可尼正准备次年从英国的康沃尔郡向加拿大纽芬兰的圣约翰城发射首束跨大西洋无线电波。这仅是新世纪第一年所发生的科学史上的大事。科学和技术进步是贯穿整个新世纪的主题，把人类的科技水平提高到一个前所未有的高度。

三
恋爱中的爱因斯坦

我已决定对未来作出如下规划：我必须马上找到工作，不论哪种卑微的职业；我的科学目标和自负不会阻止我去接受即便是最卑微的工作。

——1901年7月7日爱因斯坦给未婚妻米列娃的信，其时他正为工作发愁

1901年2月，爱因斯坦在苏黎世居住时间已够入籍所需的五年，成功地成为他所谓的“地球上最美丽的地方”的瑞士联邦的公民。获得瑞士国籍后，他很快被要求服兵役。所幸，因为扁平足、汗脚及腿部静脉曲张的，他入伍体检没有通过，免去一场兵役之灾，只被编入预备役做后勤服务。但即使轻松很多的预备役，爱因斯坦也不愿参加，他宁可根据瑞士法律交军事税到42岁来代替预备役服务，因为军事训练实在是他深恶痛绝的苦差事，当年放弃德国国籍的一个很重要的原因就是担心在德国被迫服兵役。

爱因斯坦在此期间对米列娃是万般宠爱。她小时因疾病落下腿脚微跛、她为此而穿的整形靴子及其喜怒无常的性格都没能影响他对这个感情丰富而脆弱的女人的钟爱。几年苦苦追求终于让爱因斯坦在22岁时爱情开花结果，米列娃在他再一次求婚时终于答应嫁给他。不知什么原因，母亲保利娜·爱因斯坦还是那么不喜欢米列娃。是因为米列娃身体残疾，还是因为她不是犹太人？因为她是东欧人？因为她比爱因斯坦大四岁？还是因为在她眼里，米列娃一点都不漂亮？无论如何，反正保利娜总是觉得米列娃配不上她的爱因斯坦，总是想方设法阻止儿子娶她为妻。考虑到爱因斯坦尚未找到工作，她最大的担心是米列娃怀孕。在给儿子的信中她写道：“（如果米列娃怀孕的话）那将是多么糟糕的事！”米列娃刚开始还挺乐观能够赢得婆婆保利娜的好感，但后来当她得知婆婆竟写信给她父母苛责她的性格后，才知道保利娜是多么希望把她从爱因斯坦身边赶走，她们间的矛盾几乎是不可能缓和了。

找工作的过程中，爱因斯坦为推荐信的合适用词字斟句酌绞尽脑汁。他试图获得苏黎世一份助教职位做的努力归于失败，申请一些当地中学的教职也未成功，最后只能靠临时教课和家教来维持基本生活和与苏黎世的米列娃保持联系。每次米列娃离开苏黎世回匈牙利与家人在一起的时候，爱因斯坦都会给她写热情洋溢的情书。同时他不断地给瑞士乃至整个欧洲的的物理学教授写自荐信，从没有放弃寻找全职工作的艰苦努力。但这些信都石沉大海，没人对爱因斯坦感兴趣，也没人提供任何工作机会给他。找工作的挫折使得他对没有按照惯例聘请他当助教的韦伯教授大加鞭挞。

保利娜最担心的事终成现实，1901年春天，米列娃怀孕了，孩子可能是他们俩在意大利北部科摩湖畔的一次浪漫而秘密的约会中怀上的。得知这个消息时，爱因斯坦刚探视完在意大利米兰的父母返回瑞士，正准备到瑞士温都尔一个技工学校去当两个月的临时代课员。刚开始他对米列娃的身孕泰然自若，但不久即意识到正处于失业中的小两口无法承受生养一个小孩的费用。他开始犹豫是否应该在找到工作前就结婚。随着孩子预产期的逼近，他依然在等待着瑞士伯尔尼专利局的任职通知。半年前，在好朋友格罗斯曼的帮助下，他被告知可以在伯尔尼的瑞士联邦专利局里谋得一份技术专家的职位，负责专利申请的审核工作。夏天，他结束了在温都尔技工学校临时代课的工作，回到母亲和妹妹身边短暂休整。米列娃则留在苏黎世全力以赴复习参加毕业补考，但是她再次折戟沉沙没拿到毕业证，心灰意懒的她再也无心继续按计划攻读课程。毫无疑问，米列娃很难接受这个与理想相去甚远的结果，带着极度失望、沮丧的心情，无奈的她只能先回匈牙利的家中等待着他们第一个孩子的降生。

米列娃10月曾短暂回到瑞士与爱因斯坦相会，他们俩都很小心保守秘密，特别提防保利娜知道。这次会面的时候，已可以看出孩子的预产期极可能就在来年的一月底——所以她在爱因斯坦住处几英里外一个村庄的旅馆里住下来。尽管小两口没有把怀孕的消息告诉任何朋友，保利娜似乎还是得知了此事——即将到来的孩子并没有使她对米列娃的成见有任何消减。1901年底，米列娃回到匈牙利，保利娜深深的敌意让她感到很受伤，她给一位朋友的信中写道：“（爱因斯坦夫人）看来拼了命要把我和她儿子的生活投入痛苦深渊……我简直无法相信世上竟然有如此绝情的、不可救药的刻薄的人存在！”爱因斯坦也无法理解母亲的行为，继续给亲爱的“Dolly”（他对米列娃的昵称）写情书，表达对她不渝的爱和支持，她还之以甜蜜的“Johnnie”昵称。这两个德文称呼都是德国南部当时流行的情侣间的亲昵叫法。

爱因斯坦当时连个长期的工作都没找到，但他并未因此气馁，仍然坚持写下自己关于理论物理方面的想法。对于这项他最为钟爱的工作，即使没有任何长期工作他也能乐此不疲，不需要老板告诉他做什么该怎么做，在这件事上他完全可以主宰一切。他后来在文章中写道："作为一个颇为早熟的人，我也被大多数人所毕生追求的但毫无用处的名利所打动……我很快认识到了追逐名利的残酷性，在那时，这种名利的追逐往往用伪善和花言巧语掩饰着，比现在显得更隐蔽一些。"无论如何，一个孤立无援的学者，出于无可厚非的满足感，二十一岁的爱因斯坦在1900年12月把他关于毛细现象的科学论文寄给了颇有名气的德国《物理学纪事》。该刊编辑看中了当时尚名不见经传的爱因斯坦的论文，并把它登载在1901年3月号上，成为爱因斯坦第一篇公开发表的科学论文。在这次成功的激励下，爱因斯坦于当年 9 月开始撰写一篇关于气体分子力的博士论文，准备申请苏黎世大学的博士学位。

1902年1月底，爱因斯坦的第一个孩子莉莎在塞尔维亚的诺维萨德米列娃父母家诞生。当时爱因斯坦并不在母女俩身边。根据米列娃父亲给爱因斯坦报喜的信中所述，孩子出生时，米列娃发生了严重的并发症。爱因斯坦在随后给米列娃的信中对她所受的痛苦表达了安慰。不过由于经济上的原因，手头拮据的他并没有马上动身去诺维萨德看望母女俩。他根本没有余钱可用，而由于当时父亲的生意也发生困难以及母亲对婚事的坚决反对，他甚至不可能伸手向父母要到诺维萨德的车费。他给米列娃的信中爱意自然流露，详细询问孩子的情况："她身体健康吗？是不是很爱哭？""她的眼睛长什么样？""她跟咱俩谁长得更像？""我是多么爱她啊！尽管我们俩还没见面呢！"他还说："我每天都在想着你们。"米列娃带着孩子在匈牙利一直待了半年，爱因斯坦经常写信给她，一起计划孩子的未来，向她表达思念之情并关注孩子的情况。但他一直没提到跟她结婚的事，显然是因为他意识到自己尚处于一贫如洗的状况，而且也担心父母对婚事的反应。保利娜在当年2月在给朋友们信中称："我们完全反对爱因斯坦和米列娃往来，我们甚至不希望他跟她有任何关系……她的到来是我一生中最苦涩的时候。"米列娃的父母虽然对此颇为尴尬，不过比起爱因斯坦现在的处境，由他们来照顾母女俩显然更合适。

由于喜得爱女，当年2月爱因斯坦打起精神收拾少得可怜的行装搬到伯尔尼，满怀希望地等待来自瑞士专利局的工作机会。爱因斯坦的好朋友

马塞尔·格罗斯曼的父亲此前已向专利局极力推荐了他，他也获得苏黎世大学的博士生导师阿尔弗雷德·克莱纳教授对他博士论文的支持。刚开始，在女儿莉莎出生，但还没搬到伯尔尼之前，爱因斯坦突然要求撤回博士论文，因为他在文中对统计力学的创始人之一路德维格·波尔兹曼的理论进行了批判，克莱纳教授对他的论文持保留态度，本来爱因斯坦想根据教授的意思对论文作出一定的修改。但是克莱纳教授突然改变态度，允许爱因斯坦不用对论文再进行修改。这样，爱因斯坦便得以脱身前往伯尔尼，他显然对克莱纳教授的突然开恩很高兴，“教授并不如我想的那么愚蠢”。

专利局的工作敲定之前，为了保证在伯尔尼的生活，年轻的爱因斯坦刊登了一则私人授课广告，希望为在校学生提供数学和物理的钟点补习家教。很快有主顾循广告找上门来，不过人数不多，总共也只是几个人，所得收入勉强能让爱因斯坦糊口，远无法改变其窘迫的经济状况。与此同时，他结交了一些新朋友也遇到在伯尔尼学习的老朋友。老朋友当中有一个叫保罗·温特勒的，是他第一个女朋友玛丽·温特勒的弟弟，到伯尔尼大学学法律。另一个老熟人是康拉德·哈比希特，是爱因斯坦以前在沙夫豪森私人学校教书时认识的，他到这城市拿数学博士学位。新交的朋友马莱斯·索洛文，是看见广告慕名而来的听他讲物理的一个伯尔尼大学哲学系学生。他们俩一见如故，除了物理知识方面的交流，还常常一起探讨物理学领域的哲学问题。

1902年6月，爱因斯坦终于获得梦寐以求的伯尔尼专利局的职位。尽管这个职位提供的薪水依然不足以在伯尔尼这个物价昂贵的城市供养一个家庭，但爱因斯坦还是兴高采烈地接受了聘请。他成为专利局里的低级别职员，主要负责检查申请专利的电子器件，并对器件的有用性提供意见。工作试用期两年，两年过后专利局再决定是否转为长期职员或确认不合格而解雇。

1902年，米列娃在夏天和秋天几度到瑞士与艾尔伯特相见，但不知何故没有带女儿莉莎同行，所以爱因斯坦父女还是没能见面。爱因斯坦的父亲此时健康状况很差，几次生意失败带来的压力使他患上严重的心脏病。

1902年10月，爱因斯坦得知父亲病危，心急如焚的他马上奔赴意大利米兰守护在父亲身边。弥留之际的赫尔曼最后的嘱托是同意儿子跟米列娃的婚事，然后为了不让家人看到自己临死前挣扎的惨状，让所有家人全部退出房间，自己一个人面对死神的降临。赫尔曼去世时年仅55岁，抛下44岁的妻子保利娜孤单一人和爱因斯坦兄妹。

1903年1月6日，赫尔曼去世三个月后，历经六年半的爱情长跑的爱因斯坦和米列娃终于步入婚姻的殿堂。他们在伯尔尼举行了简单的结婚仪式，只有挚友索洛文和哈比希特两位宾客参加，深陷丧夫之痛的保利娜自然不会参加儿子与自己所厌恶的女人的婚礼。爱因斯坦是他们家族中第一个与非犹太人结婚的人。为了迎接婚后的生活，夫妻俩在伯尔尼城的蒂利尔街租了一套公寓。在婚礼的当天发生了一件趣事，他们从饭店庆祝完新婚之后很晚才回到住所，这才发现忘记带钥匙了，他们只好把房东叫起来开门。婚后的生活相当惬意，爱因斯坦告诉朋友们说，他的新婚妻子有一手好厨艺，把家整理得井井有条，每天都快快乐乐的。

伯尔尼是一个生机勃勃的可爱城市，有许多知识分子和学生成群结队地在城中的酒吧和寓所间聚集，他们俩在这里生活得很习惯。就在这种氛围里，爱因斯坦、索洛文和哈比希特三人于1903年春天参照希腊神话中的典故组建了所谓“奥林匹亚科学院”的业余性质的科学活动小团体。这个“科学院”其实就是一个讨论问题的小组，业余时间聚在一起探讨当天重要的科学和学术的话题。他们经常讨论卡尔·皮尔逊、戴维·休姆、厄内斯特·马赫、格奥尔格·弗里德里希·黎曼和布鲁克·斯宾诺莎的著作，而且常常讨论到深夜。有时在讨论的间歇爱因斯坦会为大伙拉一段小提琴或由别人念一段古典文学作品。这样的讨论会有时也会变成喧闹的社交沙龙，米列娃偶尔也加入讨论，但她更多地是做忠实的听众，很少主动参与，也许她更多时间在思念远在匈牙利的女儿小莉莎。爱因斯坦后来回忆说，这样的聚会充满着“孩子般的快乐”。

康拉德·哈比希特与爱因斯坦初识于1902年，他是一个小提琴家，当时正在伯尔尼大学学数学。他成为爱因斯坦一生的朋友和合作者。此后十年间，特别是1907年到1910年，爱因斯坦、康拉德·哈比希特和他弟弟保罗·哈比希特合作造出一台叫“小机器”的东西，可以用来测量微小的电流。索洛文被爱因斯坦亲切地称为“索洛”（Solo），他对人文和技术科学都很感兴趣。

1903年9月，米列娃回到匈牙利诺维萨德的娘家看父母和小莉莎。在给爱因斯坦的信中她带来了坏消息：莉莎染上了猩红热。爱因斯坦回信关切孩子的病情，也问起孩子是否登记户口，但至今没有发现米列娃的回信，可能回信被弄丢了。莉莎的出生和受洗记录也无法找到。按常理推测，即使莉莎是送给别人收养了，也会有相关记录留存下来的，可依然无迹可查。

研究爱因斯坦的学者二十多年来百思不得其解为什么莉莎出生后没有被带到瑞士爱因斯坦身边。也许由于莉莎属于非法的非婚生育可能会让爱因斯坦失去在专利局的公务员工作，才决定在瑞士严格保守莉莎出生的秘密，当时瑞士的社会风气在欧洲相对来说比较保守。也许是两口子决定婚后经济状况改善后再把孩子接来同住。

有一件事是确定无疑的：爱因斯坦至少刚开始时曾想把莉莎留在自己身边。他在女儿出生后不久给米列娃的信中还在讨论如何养育莉莎。他给身在匈牙利的米列娃的信中说：“我不想放弃她。”但后来他也没坚持说服米列娃要把孩子带到瑞士的家和他们待在一起。有人认为莉莎出生时难产导致健康问题或身体残疾，使得爱因斯坦夫妇无法照顾孩子。但各种猜测中最有可能的是，就在爱因斯坦和米列娃商量好如何养育孩子之前，小莉莎就不幸死于这年秋天染上的猩红热。当时欧洲大陆有很多人死于这种传染病。总之，根据米列娃朋友的回忆，这次之后他们感觉到两人之间的关系有了一些令人不安的变化。这并不奇怪，像所有母亲一样，米列娃希望孩子能跟她在一起，特别是她和爱因斯坦结婚以后。米列娃的父母也会多少给他俩提供必要的资助，但不知因为什么，爱因斯坦不愿意这么做。

在提及莉莎患上猩红热之后，关于女儿莉莎的一切就再也没有在现存的爱因斯坦、米列娃及其亲属的通信中出现过。这并不是说他们及亲属没有提到过莉莎，但是在伯尔尼，没有一个人知道爱因斯坦夫妇还有一个女儿，莉莎的存在成为一个保守了几十年的秘密。关于她出生的消息直到爱因斯坦与米列娃及亲属的通信75年后公之于世时，才始为世人所知。直到今天，莉莎的命运依然不明了，难住了许多爱因斯坦研究专家。

1903年秋天，莉莎一岁半时，米列娃从匈牙利给爱因斯坦写信告诉他她又怀孕了。他欣喜地给妻子回信说他热切地盼望她回家跟他在一起。10月底，为了迎接第二年孩子的出生，夫妇俩搬入位于伯尔尼一处漂亮的街区一套普通二居。此时的米列娃经过两次物理毕业考试失败和两次怀孕，已完全失去对追求属于自己的事业的兴趣，她安心地做她的家庭主妇，把探索物理世界的工作完全留给丈夫爱因斯坦。

爱因斯坦在伯尔尼时加入了当地物理学家、医生和其他科学爱好者组成的科学协会。1903年12月，爱因斯坦在这个科学协会所组织的一次会议上作题为“电磁波的理论”的首次学术演讲。虽然爱因斯坦常定期参加协会的会议，但他正式演讲不多，他更喜欢到其他科学家家里作非正式交谈。也是大约在此时，爱因斯坦开始考虑给博士论文换一个新题目提交给苏黎世大学。

1904年5月14日，米列娃经历了再一次艰难的怀孕生下了大儿子汉斯·艾尔伯特。儿子生下来就跟父母在一起，25岁的爱因斯坦担负起父亲和一家之长的责任。米列娃的父母刚开始其实跟爱因斯坦母亲保利娜一样对他们的婚姻并不同意，长孙汉斯的出生让他们的态度有了很大转变。保利娜也在喜得长孙之后最终默许了儿子的婚事。爱因斯坦和米列娃的关系从此更放松，他们的婚姻生活更加美满，不管从感情上还是事业上均相当满意。

爱因斯坦的事业也呈现出积极的变化。1904年9月，爱因斯坦在伯尔尼专利局的试用期完满到期，他获得在专利局的长期职位，并且专业级别在1906年从三级技术专家升为二级技术专家。他在此期间鼓励好朋友、机械工程师米歇尔·贝索也申请专利局的一个更高的职位。贝索得知从13个申请者中脱颖而出欣喜若狂，从此两个好朋友共事于同一城市的同一个单位，他们俩的关系更加密切了。爱因斯坦1903年在苏黎世首次认识贝索时两人一见如故，对他广博的知识颇为赞赏，后来还称贝索是他的理论在“欧洲最好的宣传者”。同时，根据两人后来的相互通信显示，爱因斯坦对贝索良好的个人品质也推崇备至。在爱因斯坦的介绍下，贝索后来与爱因斯坦第一个女朋友玛丽的妹妹安娜·温特勒结婚。安娜与米列娃成为十分要好的朋友。贝索曾感谢爱因斯坦在给他带来无比幸福的人生两个重要关口对他的巨大帮助：一是促成他与安娜的结合，另一个是助他获得专利局的职位。

正是在伯尔尼，爱因斯坦终于摆脱了经济上的窘迫境地，他一生中最具创造力的岁月也是在这度过的。在伯尔尼工作和生活的时期，他开始独自构思和完善他带给人类最具创新性的理论，基本上没有借重当时科学界大师的力量。当然工作方面他并非十分满意，根据米列娃给朋友的信中透露，每天处理那些专利申请简直把爱因斯坦烦透了，他甚至开始寻找更好的工作。但是米列娃的信中还透露，找工作对爱因斯坦来说不是一件那么简单的事，因为爱因斯坦尖刻的言辞，而且在当时反犹太主义情绪高涨的欧洲，他的犹太人身份也影响找工作。她写道，他们俩一度考虑到匈牙利首都布达佩斯教德语——这个考虑显示出米列娃还在惦记着女儿莉莎，希望住得离她近一些或最好让她跟他们一起生活。

尽管在专利局的工作对他来说刚开始确实可能是一件令人厌烦的苦差，但客观地说这个工作很适合他。这项工作要求具有质疑的眼光，能够确定所申请专利器具的价值或所谓的实用性，而且特别要求职员能够跳出设计思考其实用价值。爱因斯坦很擅长这样的工作，一天的工作，他往往几小时就做完了，这也使得他有足够的时间思考他的物理学研究。爱因斯坦在专利局是唯一一个学物理学出身的，其他人大部分是机械工程专业毕业生。但是他能在专利局站稳脚跟是顺理成章的，因为那时许多申请专利的发明都来自当时快速发展的电力工业，大部分都与电磁场理论相关，这个领域爱因斯坦可谓轻车熟路。爱因斯坦成名离开伯尔尼专利局后，专利局还常常请教他专利方面的事，并恳求他提供专利申请的意见。他对回答这类问题往往乐此不疲，因为一方面与他对技术的爱好密不可分；另一方面，据他自己的说法，也有益于他自己的研究工作。1906年，当时爱因斯坦还在伯尔尼专利局任职，有一个世界闻名的专利在这个专利局申请通过，即具有独特外形的瑞士品牌巧克力——三角牛奶巧克力

（Toblerone）。这是世界上第一例申请专利的牛奶杏仁蜂蜜巧克力，这个产品无疑使伯尔尼专利局的职员都很高兴，因为他们有机会在审查时亲口尝尝。

在伯尔尼的日子里，爱因斯坦不修边幅，而且不介意长期坚持不懈地继续从事物理学研究工作。他不论在上班时还是业余时间中都坚持创造性地思考物理学的重要问题，这些努力为他在随后的“奇迹之年”所发表的光辉著作铺平了道路、奠定了坚实的基础。

四
一路投奔奇迹

我已完全解决了这个问题。我的解决方法是分析时间的概念。时间是无法被绝对定义的，它与光信号速度之间存在不可分割的联系。

——爱因斯坦1905年给米歇尔·贝索的信，告知其关于相对论的论证

从其对世界物理学的贡献而言，1905年是爱因斯坦的“奇迹之年”，在这年中他所作出的成就使得他年仅二十六岁就成为世界上最伟大的物理学家。这一年，除了提交五篇重要论文外，他还花时间在一些刊物发表了23篇学术评论文章。这些文章都是利用专利局工作之外的业余时间完成的，对于爱因斯坦这样一个当时尚未在学术殿堂占有一席之地的年轻人来说，这是非凡的成就。虽然跟当时的物理学界并无联系而且他的理论当时还具有很大争议，爱因斯坦还是凭着理论给这个领域带来的观念的革新而一举登上物理学理论研究的高峰。爱因斯坦在1905年所取得的巨大成就足以媲美牛顿在1666年为近代物理学奠定了数学、引力和光学理论的基础。

1904年与1905年之交，艾尔伯特·爱因斯坦正好二十五岁，已结婚两年，儿子汉斯·艾尔伯特尚在蹒跚学步。他在位于伯尔尼的瑞士联邦专利局拥有一份虽不那么有趣但颇受尊敬的工作，当时任专利局的三级专利审查员。在波澜不惊的工作和家庭生活之外，爱因斯坦想办法挤出点滴时间思考物理学问题，即便从寓所到办公室短短20分钟的步行路程，他也见缝插针地用于思考。晚上下班，从办公室回到家，安顿玩累了的一岁的小汉斯上床睡下，他便返回到书桌前投入物理学的天地。在给友人的一些通信中，爱因斯坦曾提及米列娃正帮助他做研究工作，但不知道她对此影响有多大。我们所能肯定的是夫妇俩一起讨论爱因斯坦的观点，毫无疑问，米列娃听过爱因斯坦的论述后会给出一些反馈意见以有利于他理顺自己的思路，她还鼓励丈夫把想法变成论文。

不论他在繁忙的生活中如何全神贯注于物理学研究、为此付出多少努力，都是值得的。爱因斯坦在1905年所取得的成就令人叹为观止，他所发表的蔚为大观的五篇重量级论文将作为影响最深远的著作载入物理学发展史册。五篇论文中的一篇是爱因斯坦的博士论文，这篇论文对构建原子真实存在的理论起到了推动作用。另有两篇则建立了革命性的狭义相对论，为物理学指明了一个全新的领域，也给爱因斯坦带来世界性的声誉。第四篇把布朗运动中花粉的不规则运动与原子的大小联系起来。最后一篇涉及光量子理论领域，揭示了光电效应的问题，为现代物理学量子理论奠定了基础，并为爱因斯坦赢得1921年的诺贝尔物理学奖。

1905年，爱因斯坦在发表论文方面显然不是一个新手。他的五篇科学论文都是以打印稿的形式提交给杂志的，第一篇是1901年提交的。所有论文都发表于颇有声望的德文物理学杂志《物理学纪事》。但是，目前尚不清楚爱因斯坦当时是否意识到他1905年的理论可能会引起多大的争议或多么令人惊叹。1905年5月，爱因斯坦在信中向朋友哈比希特描述最终揭晓的诺贝尔物理学奖的工作“研究辐射和光的能量特性，具有革命性的意义”。对于他的狭义相对论，爱因斯坦说，这个理论的获得，回想起来确实很有趣，就像是上帝朝我微笑着，引导着我一步一步向前走似的，慢慢地就完成了研究工作。

爱因斯坦从一个很有启发性的角度完成那篇“非常具有革命性”的关于光电效应的论文，考察了光的产生和传播过程。他于1905年3月17日把论文提交给《物理学纪事》杂志，三个月后论文得以发表。这篇论文圆满地解释了困扰科学家近二十年的光电效应现象，但更具价值的是：它为一个全新物理学领域，即量子理论奠定了基础，认为光以粒子形式存在，颠覆了大部分科学家们所持有的光以波形存在的理论。

一般的白光，如太阳光，在一定条件下可以被分离成不同色的光。一颗水滴也能实现这种光线分离，这就是为什么下太阳雨的时候能够在天空中看见彩虹。但是光线里面包含着更多的东西，如肉眼看不见的光线，人们能看见的可见光只是电磁辐射中的一部分。长久以来，人们一直以为电磁波是以波的形式传播的。红色光线在可见光中能量等级最低、波长最长，而在光谱中与可见红色光线紧挨的红外线属于不可见光，无法用肉眼看到，它的能量等级比红光更低，波长更长。现在人们常用的遥控器就是用红外线来切换频道的。如果把电炉通上电源，然后把手放在底座上方，即使电炉丝还未受热至变红就能感觉到灼热——让你的手受热的辐射就是红外辐射。波长比红外线还短的辐射是微波，它能通过让水分子快速运动而用于加热食物。此外还有无线电波，这类辐射波长更长，人们常用它来传递无线电信号。

光谱中能量等级较高部分的辐射给19世纪晚期的科学界带来了难题。

在光谱中，能量等级比紫色光高的部分是紫外线，或称紫外辐射。我们知道，接受过多的紫外线暴晒可能导致皮肤晒伤甚至皮肤癌。紫外光也能让白色的物体看起来好像在发亮，所以在广告业中用得非常广泛。电视广告制造商为了吹嘘洗衣粉或牙膏效果是多么好，往往用紫外光照射广告人物所穿的白衬衫或所拥有的牙齿，使之白得特别灿烂。比紫外线更高能量等级的电磁波是X射线，医生们常常用这种射线来诊断疾病。此外，宇宙中的黑洞在吞噬邻近星体的气体时也会发出X射线。今天，天文学家已发射了多颗人造卫星，如Roentgen和Chandra，试图通过它们描绘X射线构成的宇宙图景。

正是紫外线让科学家们备感困惑。科学家们发现如果钨等金属的表面受到紫外光的照射，能在表面产生一股电流，这就是所谓的“紫外线光电效应”。这个现象威廉·瓦拉赫早在1888年首次发现，但直到1905年科学界尚无法给出圆满的解释。1904年，曾有杂志刊登了一篇长文详述光电效应这个难解之谜，爱因斯坦很可能看到了这篇文章，并因此对此问题产生浓厚兴趣。

除了光电效应，另外一个有关辐射的现象也令科学家百思不得其解。上述电炉的炉丝，刚通电时它是黑色的，然后随着温度的升高变成暗红，再后来则成为鲜红。在铁匠铺里也可看到类似的情形，铁匠会把铁条加以更高的温度，最后铁条的颜色甚至变成橙色、黄色乃至浅蓝色。物体的温度与其所显示的颜色之间显然有某种联系，但这种联系的实质是什么？19世纪与20世纪之交，关于这个问题，科学家找到了两个定律。一是1900年至1905年间，两个英国物理学家雷利勋爵和詹姆斯·金斯各自独立地发展了雷利—金斯定律。这条定律可以预测在特定的温度下某一长波如红外线辐射的强度。另一定律由德国物理学家威廉·维恩在1896年得出，能够预测在一定温度下短波辐射的强度，如紫光和紫外光。物理学教授海因里希·韦伯，即爱因斯坦在苏黎世联邦技术大学时的导师，后来还负责审定他在苏黎世大学时的部分博士论文，他在这两个定律产生过程中做了一些工作。他通过实验证实了维恩定律，并得出一个曲线方程，可以预测在给定温度条件下最强辐射的波长。韦伯在1898年冬天就辐射的性质做了一系列讲座，爱因斯坦尚未大学毕业，他报了名上韦伯的课，应该听过这些讲座。

但是科学家还在努力寻找一个简单的定律以解释整个光谱的辐射现象，德国物理学家麦克斯·普朗克便是其中之一。普朗克后来成为爱因斯坦所推崇的科学英雄之一，他赞许普朗克说："他是多么与众不同，如果像他那样的人多一点，对人类来说是多么有益的事。"大约是1900年的10月7日，普朗克灵感突现，他写道，假设在一个特定大小的盒子里装满一定温度和波长的辐射，那么这个盒子能容纳的能量有多少？基于这样的思考，普朗克从完全不同的角度进行一些尝试。他想象有一个电荷振子——一个带电的粒子在电场的作用下来回振荡，那么所有电荷振子的集合所含能量是多少？普朗克的回答是，电荷振子集合的能量与辐射的能量是一样的。这个假设是解决问题的关键，因为解决电荷振子的问题比处理辐射的问题要简单得多。根据这些假设和推理，普朗克得出后来被称为普朗克辐射定律的物质和辐射共同平衡方程，他成功地用一个统一的定律完满地解决了所有波长辐射的能量和温度之间关系。通过这个定律，如果知道温度和辐射的波长，人们可以得出辐射的强度，即能量的大小。普朗克定律对天文学家研究星体和宇宙非常有用。一些星体，如天琴座最亮的那颗星——织女星或称天琴座α星——发射出显眼的蓝光，而其他星体如位于猎户星座的一等星参宿四则显现出红色。根据普朗克定律，天文学家就可以通过获知星体所发出的辐射的强度和波长而推算出其温度。

普朗克辐射定律认为，当电荷振子以频率f振动时，能够产生能量E，其函数表达式为$E=hf$。这一定律虽然简单，但成为量子理论诞生的基础。从普朗克的辐射定律可知，光子——光粒子——携带一定的能量，但能量相当有限，大约是hf值的数倍而已，光线表现为不连续的能量的集合或称光量子的集合。

普朗克辐射定律公式表面上看来无懈可击。当辐射的波长较短时，等式中的一些值就会变得很小，普朗克辐射定律就与维恩定律契合，反之，当辐射的能量增加时，另一些值变小，而此时则与雷利—金斯定律相符合。此外，当普朗克常数h约等于6.634×10^{-34}尔格·秒时，普朗克辐射定律与实验数据完全吻合，基于此常数，他计算出了一个电子所带的电量。

他还因此计算出阿伏加德罗常数，这是一个以意大利科学家阿伏加德罗命名的常数，指的是一克物质所含的分子数量。这两个常数都非常重要，但在当时鲜为人知，因为原子理论尚处于萌芽状态，大部分人还不了解。普朗克的阿伏加德罗常数数值与其他物理学家的实验结果相当符合，而他得出的电子量的数值在此后10年间都是最精确的。

爱因斯坦1905年的光电效应论文表明，普朗克辐射定律这个问题的证明实际上是错误的。爱因斯坦承认普朗克的公式与“目前所有的实验数据都吻合”，但紧接着便以初生牛犊不怕虎的精神向当时已是世界闻名的物理学大家普朗克斗胆直言，他的辐射定律推理过程存在瑕疵。爱因斯坦在文中表明，顺着普朗克的思路会得到一个合乎逻辑却显然不符事实的结论，即能量可能变得无限大。爱因斯坦在文中通过自己的巧妙的改良论证，用与普朗克所用的不一样的方法消除了普朗克辐射定律的瑕疵，证明普朗克的辐射定律依然成立。

他注意到维恩定律和科学界非常知名、被广泛接受的理想气体理论之间有相似之处。通过把辐射与气体相比较，他提出了光量子的假说：辐射表现为不连续的能量的形式，即能量演变符合E＝hf公式。爱因斯坦的推理充分显示了标准的古典物理学方法、最前沿的实验数据与灵光一现的天才的结合。他的论证得出与普朗克一样的结论，但其论证逻辑更加无懈可击。更为可贵的是，爱因斯坦不仅仅限于改良普朗克的定律，还继续追问：当光以光量子形式传播的时候会发生什么后果？

此前近两个世纪，科学家一直把光当做一种电磁波。传奇式的英国物理学家托马斯·杨，他除了物理学以外还掌握好几门濒临灭绝的语言，还是有名的古埃及文字的翻译家。他曾制造了一个绝妙的实验，让光穿过留有两个狭长切口的屏幕。杨推理道，如果光是由粒子组成的，则可观测到两股粒子流从切口出来；如果光是一种波，则从两个切口进入的光线会互相干涉，强的更强、弱的更弱或被完全抵消，从而形成明暗相间的图案。这个著名的光的干涉实验的结果证明，光是一种电磁波，这个结果被19世纪的科学界广泛接受。人们形成光是波状传播的思维定式，所以很难解释光电效应的现象。

但如果光不是一种电磁波会怎样？如果艾萨克·牛顿、麦克斯·普朗克和爱因斯坦是对的，光是以微粒形式存在会怎样？在紫外光光电效应实验中，紫外光微粒撞击金属表面的时候，确实产生电流，如果不是金属而是原子接受撞击，又会发生什么？这些奇思妙想在爱因斯坦头脑中盘桓。他的头脑中浮现出一个想法：一个粒子，一个光当中的粒子，即光子，其传播中所携带的能量为E＝hf。那么，当光子击中金属表面的原子，金属原子受到撞击之下将失去所拥有的一部分电子，而光子的一些能量则以功函数P的形式，在撞击金属表面的原子时损耗掉了。剩余能量则用于移动被撞飞的电子，使之成为电流存在于金属表面。这个相当新潮的想法一直在爱因斯坦脑中萦绕不去，根据这个想法，人们能够完满地解释光电效应现象。顺着光以粒子形式而非电磁波形式存在的思路，爱因斯坦终于解决了光电效应的世界性难题。同时他还指明，光电效应所产生的电流的大小不取决于照射到金属上的光线的强度大小，证实了菲利普·勒纳1902年的实验。美国物理学家罗伯特·米利肯在1916年的实验中证实爱因斯坦关于光电效应的解释。爱因斯坦关于光电效应中逸出电子能量的等式E＝hf－P为米利肯一些非常精细的实验奠定了基础，从中得出普朗克常数h的数值为6.57×10^{-34}尔格·秒，其误差不过0.5%。

在瑞士乃至整个欧洲的学术传统里，博士候选人为了获得学位首先需要跟指导老师通力合作，选取一些重要的尚未解决的课题作为博士论文研究范围。选题后，指导老师基本不再介入，博士候选人需要独立完成课题研究，并撰写详细的报告即博士论文，提交评审委员会每一个评审委员以确认论文研究成果是否原创，所解决的问题是否重要或论证是否正确，是否有价值在高质量物理学刊物上发表等。爱因斯坦1901年11月提交了一篇原创论文，但没有被苏黎世联邦技术大学的评审委员会所接受。他为此相当沮丧，在1903年3月给朋友米歇尔·贝索的信中说他已放弃获得博士学位的努力，因为“博士学位没什么用，我对这场闹剧已烦透了”，后来经朋友劝说和鼓励才改变主意。爱因斯坦沮丧的部分原因是与当时论文指导教授海因里希·韦伯相处不和谐，他更多倚重于另外一个指导教授阿尔弗雷德·克莱纳。在克莱纳的指导下，他于1905年4月30日完成题为《论分子大小测定的新方法》的博士论文。根据传说，克莱纳刚开始告诉爱因斯坦，论文显得太短了，于是爱因斯坦只在文中多加了一句话再次提交给老师。论文经克莱纳等审阅后，于7月20日提交给学校，很快通过了答辩，同意授予其博士学位。爱因斯坦在论文开头有一句题词献给好朋友马塞尔·格罗斯曼，他是一名出色的数学家，后来在广义相对论研究过程中扮演重要的角色。

当时，物理学家们接受原子理论时间不长，甚至到了1900年，人们还缺乏对原子大小的认识，也不知道在一定质量的物质里面包含有多少个原子，即阿伏加德罗常数的确切值。爱因斯坦在博士论文中找到了一个借助流体动力学的新方法来测定原子大小和阿伏加德罗常数的确切值。他首先想象有一条河向下游流去，你把手放进河里，则水流会发生变化，从这个想象中获得灵感，他进而设想当一个刚性球状微粒放进一种流体里，流体流动状态会有怎样的变化。然后，顺着这个思路追问，如果不止一个，而是有N个刚性球状微粒在流体里那将会产生什么结果。他认为会发生两种情况：首先，流体的黏滞性会发生改变。刚性球状微粒的加入产生了新的“有效”黏滞性，比原有的自然黏滞性更高；第二种情况是刚性球状微粒慢慢地扩散并展开到整个流体。物理学中用字母“D”表示扩散率，用以描述刚性球状微粒扩散的速度。爱因斯坦计算在半径P范围内所含的刚性球状微粒数N的情况下流体新的黏滞性值是多少，然后计算在半径P和刚性球状微粒数N的情况下扩散率的大小。在论文中，爱因斯坦聪明地把这些方程式进行多次变换，得出在扩散率为D的情况下刚性球状微粒半径P和数量N的值。这个是个关键步骤，因为黏滞性和扩散率通过一些简单的实验很容易就能获得。然后，他把从实验中获取蔗糖溶液的黏滞性和扩散率的值代入方程式中，从而计算出刚性球状微粒半径P及其数量N的值。利用这些实验数据，爱因斯坦估算出质量为1克的物体所含原子数量大约为2×10^{23}个，这个数值便是今天常用的阿伏加德罗常数。爱因斯坦用这个方法得出的数值与他那个时代科学家用其他方法得出的数值相当吻合。

他的博士论文提交给评审委员会后不久，爱因斯坦和米列娃便带着小

汉斯到贝尔格莱德和诺维萨德探望孩子的外公外婆。

提交博士论文大约11天以后，爱因斯坦完成了另外一篇有关布朗运动的重要论文。这篇论文也发表于德文物理学杂志《物理学纪事》，它是爱因斯坦被其他科学家引用最多的一篇论文。在这篇论文中，爱因斯坦开始运用不同于在博士论文中所使用的方法计算扩散系数，即观测一滴墨水的分子如何在液体中扩散过程。如果一个分子在某一刻位于X点，则下一刻它将处于何处？爱因斯坦对这个问题的回答涉及一些复杂的数学推理计算，但原理相当简单。

假设你抛掷一个硬币，如果有头像的那面朝下则站到左边，反之，如头像朝上则站到右边。如果这个硬币没有任何问题，那么你站到左边和右边的次数基本上是一样多，平均而言，你应该还站在刚开始时的位置，变化不会太大。具体举例如下，假设抛硬币的次数为四次，头像朝向为朝上，朝下，朝下，朝上。第一次抛则往左一步，第二次抛则回到原地，第三次则往右一步，第四次又回到原地。总之，你其实在原地并没有变化。如果不考虑往左还是往右，只考虑从开始出发的地点总共走了几步，将会有什么情况发生？回到刚才的例子，第一次抛出硬币，你走了一步，抛第二次回到原地走了零步，第三次走了一步，第四次则再次归零，总的平均下来其实走了半步（物理学上通常为了简便起见，往往取距离平方的平均值，得出所谓的距离均方），当硬币抛掷N次后，距离均方与N成一定比例。原子的移动即类似于人通过抛硬币站边。在一定时间段里，一个原子移动了一定的距离，但平均而言该原子还待在原地哪也没去。原子移动所经过的距离均方则有赖于移动步子的次数，而次数则取决于所花费的时间。爱因斯坦察觉到一些现象，首先是墨水的碳原子会因其奇特的“随机移动”而扩散开来，其次即这些随机移动的粒子的扩散与上述例子所揭示的简单分布遵循一样的规则，最重要的是他得出一个方程式来表达在时间 t 内，一个粒子所移动距离的平方的平均数。根据这个方法所得出的曲线方程，人们可以用另一种方法来确定阿伏加德罗常数和一个分子的大小。

爱因斯坦的预测有助于解释苏格兰生物学家罗伯特·布朗1828年的一

个发现，即水中漂动的花粉颗粒移动轨迹是很不规则的。由于对此现象百思不得其解，有些19世纪的生物学家甚至相信粒子是有生命的。后来这个观点被证明没有根据，又有人转而认为这是因为电流作用的结果。但是在这篇论文中，爱因斯坦为人们描绘了一个清晰图景：随机移动的水分子撞击花粉分子，所以花粉分子的轨迹也毫无规律。后来，一位波兰的理论物理学家在1906年用他自己的方法印证了爱因斯坦的结论。他们俩共同缔造的理论均可通过实验检验，但是这样的实验很难进行。此后的几年里，爱因斯坦还写了不少文章向化学家解释这个有关布朗运动的理论，因为这个理论对化学研究很有助益，但化学家们由于研究领域的不同，往往缺乏物理学家们所擅长的数学背景来理解这个理论。

1908年，法国物理学家吉恩·佩兰通过实验证实了爱因斯坦的猜想，为此他在爱因斯坦获奖五年之后，也于1926年获得诺贝尔物理学奖。由于他的巨大贡献和所付出的心血，佩兰的获奖显然当之无愧。他在实验中没有使用花粉而代之以许多细小粉末状藤黄胶脂（东南亚一种树脂）和乳香（乳香黄连木的树脂）。他把这些原料放到离心分离机中分离出几乎差不多大小的微小颗粒，然后置于显微镜下连续好几小时细心观察并记录它们如何移动。最后所得的实验结果与爱因斯坦的理论十分吻合。佩兰并没有就此止步，他还设法通过实验确定藤黄胶脂和乳香微粒的旋转速度，他的实验结果甚至令爱因斯坦本人亦感到惊讶，因为当他在1906年考虑布朗运动中微粒旋转的影响时，这也只是脑海中的一个小小的想法而已，并没有也无法付诸实施。

然而，让爱因斯坦闻名于世的最著名成就还不是上述两篇论文所涉及的领域，而是他的相对论。在这个理论的研究上，与他的博士论文相同，他也是抓住一个有争议的想法进行研究并得出自己的研究结果。时间回溯到17世纪中期，英国科学家艾萨克·牛顿爵士提出三大运动定律及其创立的微积分，人们可以预测在简单外力作用下的物体的移动轨迹。牛顿运动定律非常成功，不但能够用以预测球在空气中的运动，也可以正确解释围绕太阳运行的行星的运动。在19世纪中期，牛顿运动定律依然正确，在解释物理现象方面尚无问题，但是到了19世纪末，尽管大部分人那时仍然相信物理学的大部分规律已被发现，人们的主要工作是完善这些定律并找出为数不多的剩余规律，有一部分物理学家已开始质疑牛顿运动定律的正确性。后来的事实证明，那时的大部分人都错了。

1864年，苏格兰科学家詹姆斯·克拉克·麦克斯韦将电与磁的现象完美地统一于电磁理论之下。他的四个电磁公式作出清楚的预测：光是一种做恒定速度运动的电磁波。就是这个预测成为问题所在。假设你正处在以每小时30英里速度行驶的车上，而另一辆车以每小时55英里速度行驶赶上你的车。坐在前一辆车里，另一辆车则相对以每小时25英里的速度超过你的车往前行驶。根据牛顿运动定律，这个道理很容易理解，即相对速度是两个速度之差，55－30＝25。但如打开另外一辆车车前灯会如何？假定光速相对于另外一辆车上的人来说是 c ，那么按照牛顿运动定律，你计算另外那辆车车灯发出的灯光的速度应该是55＋ c －30＝ c ＋25。在这种情况下，只有当光速无限时，光速 c 才有可能等于 c ＋25，但这就与麦克斯韦的预测产生矛盾。物理学家们在此陷入两难境地：麦克斯韦和牛顿当中只有一个人是对的，但到底谁错了呢？根据两百五十多年来牛顿定律的运用和检验，大部分物理学家认为牛顿肯定是正确的，但是爱因斯坦站在麦克斯韦这边，认为牛顿的运动定律在某些地方出现了问题。

人类企图测量光速的努力早在好几个世纪以前就开始了。人们注意到，站在一个巨大的空房子里大声讲话常常能听到回声，这是因为喉咙的音腔产生的声波到达房子的另一边的时候会被墙壁反弹回来，因此能够在说完话很短的时间内听到来自对面墙壁反射回来的声音。如果你知道立足之地与对面墙壁的距离，并记下从说话到听到回声的时间延迟，便可大概计算出声音的速度是多少。意大利著名的物理学家伽利略在他出版于1638年的《两门新科学的对话》一书中提到一个类似的实验，试图测量光的速度。在这个实验中，两个人隔着很远的距离站着，手里各拿着一盏遮起来的灯笼。第一个人先移去灯笼的遮盖物向另一个人发出一束光。当另一个人看到亮光马上也移开他的灯笼的遮盖物向第一个人发回一束光。跟回音壁同样的道理，若人们知道两个人相距的距离以及从发出第一束光到接收到返回的光束花去的时间就能计算出光线的速度。目前不清楚伽利略自己做过这个实验没有，但他肯定知道光的速度非常之快，因为伽利略观察到闪电先于雷声为人们所感知，大炮的闪光先于发射炮弹时的爆鸣声到达目的地，因此可以推断他知道光速比音速要快得多。

伽利略是第一个用望远镜详细观测木星的卫星的人，但不是第一个尝试测定光速的人。第一个为测定光速作出主要贡献的人是丹麦科学家欧里·勒梅尔，他在1675年观测木星的卫星时发现，在木星的卫星应该形成遮蔽与实际发生遮蔽中间有短暂的时间延迟。他当时认为这一延迟是因为光速的有限性，所以光线需要时间从木星传回地球上的人眼中。勒梅尔据此计算出光线从太阳到达地球需要11分钟，但他不知道地球轨道的大小。1669年，法国天文学家简·皮卡德通过对地球经度的精确测量，并由此而计算出地球的直径。稍后法国主导的圭亚那勘探活动使得天文学家能够通过获知的地球直径数值资料算出地球与太阳之间的距离。上述这三个发现最终让科学家能够计算出光的速度。首先发表测量结果的是荷兰人克里斯蒂安·惠更斯，他在1690年写的一本书《论光线》中提出光的速度大约为每秒钟130000英里。

詹姆斯·布莱德利则在1726年通过天文学方法得出光速的值。星星掠过夜空，而星星出现的角度则取决于光速和地球自转的速度。这类似于在雨中奔跑的经历：雨点击中你的角度取决于奔跑的速度和雨点下落的速度。勒梅尔和布莱德利依据这个原理得出相当精确的光速数值，他们因为这个成就在哈雷彗星的发现者埃德蒙德·哈雷死后进入大不列颠皇家天文学会。

19世纪50年代，两个法国物理学家阿曼德·费泽奥和莱昂·弗科独创了一套基于实验室的实验方法来测定光的速度。弗科的方法比前述方法相对来说更好些，但他限于实验室太小而无法很好地进行这个测定实验。直到1924年，波兰籍美国人艾尔伯特·米歇尔森依照弗科的方法在加利福尼亚使用一个长达22公里的户外设施获得实验数据，得出光速大约是每秒钟传播18.6万英里，换算成公制单位很接近每秒钟30万公里。

如果光是一种电磁波，那它以何种方式传播呢？声音可以在空气中和水中传播。池塘中的水的涟漪是水波在空气中的传播。毫无疑问，光也必须在某种介质中传播，这个尚属“未知”的介质被物理学家称为以太。许多物理学理论都把假设构建在以太的存在这个前提下，但其存在从来没有被实验证实。1881年，艾尔伯特·米歇尔森当时还是美国马里兰州首府安纳波利斯海军研究院的专家，他完成了一个实验推翻了以太存在的假设。但是英国物理学家瑞利勋爵敦促米歇尔森重做同样的实验，他还为此与另外一位美国化学家爱德华·莫利一起加入美国海军共同改进实验。三年后，1884年，当时世界上三位有名的以太研究专家——英国的开尔文勋爵、瑞利勋爵和美国人爱因斯坦·米歇尔森——在巴尔的摩的约翰斯·霍普金斯大学聚首，共同讨论有关以太的争论。以太的假说在1905年走到了尽头，爱因斯坦证明了米歇尔森的实验结论，声称以太假说其实根本毫无必要。由于在以太研究方面的贡献，米歇尔森获得1907年的诺贝尔物理学奖。

1905年6月30日，《物理学纪事》收到爱因斯坦提交的狭义相对论论文，题为《论移动物体的电动力学研究》。他对狭义相对论的研究至迟从1899年就开始了，到了1905年长期不懈的思考终于结出硕果，他把自己的想法升华成为定律。在论文中，爱因斯坦阐明若光速是不变的常数的假设成立的话将发生什么情况。他没有用汽车或火车来打比方，因为1905年时这两件东西还远没普及，而是提出参照系的概念。如果一个参照系（如一辆火车）以相对于另一个参照系的速度V移动，那么处于同样一个参照系同向发射速度恒定为c的光束会发生什么情况？在这种情况下，奇怪的不可思议的情况发生了。空间和时间不再截然分开，而是结合成为一体为所谓的“时空”。这个结果看起来确实非常怪异，但仔细考虑起来其实我们每天都在做类似的事啊。比如，你问某人从巴尔的摩到华盛顿有多远，得到的回答可能是“45分钟”：你问的是距离，但回答却是时间。如果你遵守交通规则，即不会有意外情况打乱交通，而在速度有限的情况下，这两个概念是可以联系在一起的。在宇宙中，距离和时间通过永远恒定的光速联系在一起。

根据爱因斯坦的理论，如果光速c在所有的参照系中的速度都不变，即每秒18.6万英里，会发生一些奇怪的事。例如，若一个参照系处于静止状态，另一个以匀速v运动，则同样长度的棍子，如放在运动着的参照系中，从静止状态的参照系中人的角度，这根棍子相比置于静止参照系中的长度变短了，该现象在物理学上称为长度收缩。不过这个理论并非在狭义相对论中首创，荷兰物理学家亨德利科·A.洛伦兹和爱尔兰物理学家乔治·菲茨杰拉德大约在1889年便已详细阐述了该发现。据称菲茨杰拉德是一位天才的物理学家，连行为怪异的英国物理怪杰奥里弗·海维赛德都对他挺佩服，称“他的大脑知识太丰富，太具有创造性了”。当时，洛伦兹和菲茨杰拉德提出该定律是为了解释米歇尔森—莫利实验结果，试图以此挽救日落西山的以太理论。但是，以太理论没能挽救而最终被抛弃，而洛伦兹—菲茨杰拉德收缩理论，即长度收缩理论，却因其对物理现象的敏锐洞察而留存于世。

如果你处在“静止”参照系，一根被置于运动着的参照系有刻度的棍子（如标尺等）在你看来似乎也会产生长度收缩。你会觉得这根棍子的长度比处在运动的参照系中的你的朋友量的要短一些。奇怪的是，你的朋友完全不认为他在运动当中，反而认为相对于他来说你正在运动着而他自已是静止的。在他看来，在你的参照系中的棍子比在他那儿的要短。对于你们俩来说，两个人都是对的。你和你的朋友都没有一个特殊的参照系，或换句话说，都没有更优先的看世界的视角：每一个事物都是相对的。

同样的道理，在运动参照系中的时钟比静止参照系中走得慢，这就是所谓的时间膨胀。具体而言，位于你朋友所在的运动着的参照系中的钟表走得比在静止状态中的你的钟表要慢；但相对地，在运动参照系中的你的朋友也会发现，他是静止的而你是运动的，你的钟表比他的钟表走得要慢。类似地，在物理学里，这就是时间膨胀现象所面临的著名的“孪生儿佯谬”：把一对刚出生的一男一女孪生婴儿分开，若其中那个女婴被人以速度V从男婴身边带走，然后以同样速度带回来让他们俩重新在一起。那么运动的女婴比待在家里的男婴年幼一些吗？为了证明这个预言的真伪，科学家用计时非常精确的原子钟做时间膨胀的实验。他们把一个原子钟放在实验室里，另一个放在一架高速飞驰在跑道上的飞机上，然后再把这两个原子钟的计时进行比较，令人惊讶的是，放在飞机上的原子钟确实比放在实验室的走时慢一些！这个实验结果使得这个理论有点自相矛盾，因为根据狭义相对论，两个小孩的年龄应该是没有区别的。相对于其中留在产床上的男婴，他的孪生姐妹以速度V离去又回来，同样，另外对那个女婴来说，男婴也是以同样的速度离开然后又回来。在这种情况下，两个小孩所用时钟的读数应该是完全一样的；在原子钟的实验中，被置于实验室的原子钟和飞机上的原子钟也应该走时完全一样才对，但实际结果显示并非如此，那么狭义相对论确实存在自相矛盾吗？回答是否定的，因为必须注意狭义相对论成立的一个前提条件，即它所描述的是恒定的速度下发生的情况。而不论是把小孩从孪生男孩身边抱走，还是飞机携带另一个原子钟运动，都不是恒定速度的运动，其过程必然有加速和减速运动存在。因此，这两种情况并不包含在狭义相对论里，佯谬的质疑并不成立。

长度收缩和时间膨胀现象均已被当代科技水平下高精度的实验所证实。实验室里放射性粒子经过一段时间将衰变湮灭，其“半衰期”和作为“母体”放射性粒子是可以被测定的，而“子粒子”（原始粒子衰变的产物）数量也是可以计数的。如果相对于实验室，粒子随着光束一起运动，时间膨胀也将发生在追随光速的粒子上。这就意味着该粒子能够走得更远，比处于静止参照系中的我们活得还长。这便是证明奇异的时间膨胀和长度收缩的实验所展示给我们的图景。

爱因斯坦声称如果一束光线在一个以速度V后退的参照系中射出会显得比在静止参照系中光源射出的光线更红一点，这便是相对论中以19世纪荷兰物理学家克里斯汀·多普勒命名的“多普勒位移”，他首先发现并揭示从运动的物体上发出的声音如何改变频率。关于这个现象的典型例子是当一辆鸣笛的警车快速超过你时，你会感觉警笛的音调突然减弱。爱因斯坦预测，当光线从一个接近光速的物体上射出时也会发生类似的频率位移现象。

爱因斯坦发表第一篇关于相对论的论文三个月后，即当年9月，他又发表了一篇关于同一主题的后续论文《物体的惯性是否取决于其所拥有的能量》，在文章中研究运动物体的动能。如果运动参照系的速度V值较小，爱因斯坦的公式与牛顿的动能理论相符合，但有一点截然不同，即如果V值为零，质量为m的物体其动能E并非为零，这时的能量是物体的静止质量能。虽然他的那个著名的$E=mc^2$质能方程1907年才最终见诸纸面，但爱因斯坦在此篇文章中所提出的“静止物质能”的成就能让他同样闻名于世。1905年，他所发表的论文强烈地暗示，光是以粒子形式传播，而传播光的粒子即光子，具有有限的能量。1907年，他提出了一个公式与1905年的文章呼应，阐释光子具有有限的动能。在1905年第二篇关于相对论的论文中，爱因斯坦表明静止物质能意味着能量和质量在静止时相等，这种等值可以解释放射性辐射现象。根据他的说法，人们可以“用一个能量可能变化很大的物体（如镭等物质）来检测这个理论，如果理论与事实相符合则说明辐射通过放射性发射和吸收物质来传送惯性”。当时，应该说即使爱因斯坦自己也没有意识到他的发现和异常简洁的$E=mc^2$等式会如此深远地改变他的生活，这些理论不经意间导致了四十多年后原子弹的诞生。

五
在瑞士的精彩生活

自由的教学和自由表达、出版个人见解是任何人健全和自然发展的基础。

——1936年爱因斯坦为自由见解组织所作的一篇演讲

对学术生活的渴望在爱因斯坦的心中始终挥之不去。爱因斯坦一边继续在伯尔尼专利局工作，一方面寻找更好的工作。由于第一篇博士论文没有被苏黎世联邦技术学院的评审委员会接受，而且在作论文的时候，他所不喜欢的海因里希·韦伯教授被指派为他的论文指导老师，因此一时间万念俱灰，觉得一个博士学位对他的事业并没有多大帮助，他一度决定不再提交博士论文以取得学位。但是体面、有声望而且工资不菲的学术生活显然对爱因斯坦仍具强大的吸引力，所以，1905年夏天，在朋友的劝说和鼓励下，他决定重新努力获得博士学位。论文的事倒不是很麻烦，因为他手头已有好些正在进行的工作，都可以用于申报博士论文。他首先提交的是那篇关于相对论的论文《关于运动物体的电动力学研究》，但是这篇让他闻名于世的论文却被论文评审委员会拒绝，所以1905年7月20日他又提交了另外一篇关于布朗运动的论文《论分子大小的新测定法》，这篇论文显然颇受评审委员会的欢迎。他们很快看完这篇17页的论文，并且给出很高的评价，特别称道这篇论文质量高，对物理学的见解很深刻。唯一的批评是论文缺乏细节，而且“论文格式不对，还有一些笔误”。无论如何，论文很快于当年8月通过评审，爱因斯坦很快成为“博士先生”了，正式的学位于1906年的1月授予。

两个月后，1906年 3 月，爱因斯坦获得众人艳羡的博士学位，手中又有一系列重要的论文，被擢升为伯尔尼专利局里的高级专利审查员，以表彰其对审查高难度专利申请的突出能力。这次升职带来的工资提升正是爱因斯坦迫切需要的，他可以很快将建立不久的家搬到一个更大的公寓里。但美中不足的是，1905年发表的论文并没有马上在科学界引起轰动，他也并没有因此立刻获得物理学界的认可。当然，由于他的论文都是发表在物理学界颇有影响力的《物理学纪事》上，当时世界上优秀的物理学家肯定正在讨论他的理论，尽管爱因斯坦可能并没有意识到这一点。

度过他奇迹般的一年，爱因斯坦热切地关注着外界对他论文的反应。但直到此时，对于物理学界来说，他实际上还只是一个名不见经传的新人，除了一部分关系密切的朋友，大部分人都不知道他为物理学发展所做的那些艰苦的工作。但事情很快会有变化，一些当时最负盛名的物理学家，如荷兰诺贝尔物理学奖得主洛伦兹和后来的诺贝尔奖得主德国科学家麦克斯·普朗克，注意到了爱因斯坦的论文，他们很快意识到并十分赞赏爱因斯坦的工作所带来的革命性意义。因此，爱因斯坦开始与许多欧洲物理学大师进行频繁的科学通信。

在与这些欧洲物理学界泰斗的交往中，爱因斯坦对洛伦兹十分敬重，两人关系可谓情同父子。他给洛伦兹写的信口气极其恭敬，而且两人似乎十分投缘，所以信都比较长。后来他给朋友的信中写道："洛伦兹是个神奇的智者，他行事机智得体，简直是个活着的艺术品！"在给洛伦兹的信中，爱因斯坦则写道："跟您交流时所感到在才智方面的自愧不如并不能破坏我们之间快乐的交谈，特别是由于您对所有人一视同仁的父亲般的慈爱使人勇气倍增。"洛伦兹在欧洲学术界德高望重，他在爱因斯坦提出相对论之前就曾预言运动物体的长度相对于静止状态的观察者可能会收缩。爱因斯坦在其相对论中则给出了发生这种现象的合乎逻辑的解释。

爱因斯坦也是普朗克的崇拜者。当时普朗克是德文《物理学纪事》的通讯编辑，爱因斯坦称普朗克是他"所认识的最好的人之一"，即使他在希特勒时代公开抗议其他德国科学家对纳粹的愚忠时，也对普朗克保持十分的尊敬。普朗克在几年前完成了一项研究，揭示辐射是通过微小的脉冲即量子形式从物体中发射出来，他的理论回答了长久以来困扰科学家的一个问题即一个被加热的物体在不同的温度下如何辐射能量。由于这项工作，普朗克获得1918年的诺贝尔物理学奖。除了对普朗克专业方面成就的尊敬，爱因斯坦也很感念他对相对论的支持，正是由于普朗克的努力，物理学界很快对爱因斯坦的理论给予重视。他们俩的关系直到晚年还是非常亲密，爱因斯坦常常去探望这位历经家庭悲剧和两次世界大战的饱经风霜、命运多舛的德国前辈物理学家，给他以最大的宽慰。普朗克的第一任妻子1909年去世，大儿子在第一次世界大战时战死于1916的一次战役，女儿则在1917年死于难产。第二次世界大战再次给他家带来厄运，他的房子毁于一次空袭，而更悲惨的是，他的二儿子1945年准备行刺希特勒时消息泄露，被纳粹当局枪杀。

现在，这些物理学杰出人物和其他人都希望与这个年轻物理学家讨论科学问题，爱因斯坦也因而在欧洲范围内大大地扩展了交往的圈子，结识了许多学界的同侪。此后的几年，为了证明自己理论的正确性、说服为数不少的批评者，爱因斯坦专注于发表一系列论文来阐述自己的思想。但是，直到四分之一个世纪之后的20世纪30年代，狭义相对论才通过原子反应的研究最终通过实验证实，而时间膨胀现象则直到1938年才被间接证实。这么长的时间证实一个理论并不常见，这也从侧面表现爱因斯坦的贡献是多么超前。

当物理学在爱因斯坦的事业和幸福的天平上的分量变得越来越重要的时候，妻子米列娃则适时转变为幕后的贤内助。当时，爱因斯坦还算是个很顾家的男人，特别喜欢逗年幼的儿子汉斯玩。当丈夫忙于物理学研究时，为了转移逐渐增加的孤独感，米列娃一直与娘家的亲人保持密切联系，并且不时会带着儿子到匈牙利与父母一起待一段时间。在分别的日子里，他们俩互通大量的充满爱意的家书，爱因斯坦在信中总会告诉米列娃他最近在科学方面取得的最新进展，米列娃则告诉他与家人一块度过的日子。夫妇俩的婚姻生活相当美满。

但是这次，他们的“奥林匹亚科学院”因为成员搬走分散各地而被迫解散。爱因斯坦特别想念他的好朋友索洛，他后来移居法国成为一名翻译。不过他也因此有了更多时间陪陪他的宝贝儿子汉斯·艾尔伯特。爱因斯坦曾骄傲地向朋友报告说，儿子汉斯已和他一样鲁莽了，儿子小大人一样早熟的言行给他和米列娃带来无比的天伦之乐。由于“奥林匹亚科学院”成员经常聚在一起交流，爱因斯坦也结识了其他伯尔尼居民，如米歇尔·贝索和保罗·温特勒，爱因斯坦妹妹玛雅的未婚夫。玛雅1916年到伯尔尼大学继续攻读她的拉丁语的博士学位。她于1909年提交一篇论文，研究古法语写成的一个骑士故事，说的是一名秘密骑士乘着天鹅拉的小舟去救被坏骑士劫持的女孩。她于当年如愿获得文学博士的学位。她的博士学位在当时对一位女士来说实属不易。母亲保利娜非常高兴，她可以向人们夸耀她的两个孩子都拥有受人尊敬的博士头衔了。保罗不久也在伯尔尼大学获得法律学位，他们俩于1910年在伯尔尼结婚。

可能是由于爱因斯坦在1901年给米列娃的信中提到“我们的工作”，

一些历史学家认为米列娃是爱因斯坦一系列科学研究的合作者。虽然很难断然说完全不是这么回事，但也难以证实。从他们的离别时的通信来看，爱因斯坦会向米列娃和盘托出对某个理论的想法，米列娃也很感兴趣而且会给出一些建议。从这点看，米列娃就像是爱因斯坦论文的校对者，负责校读他的论文并指出文中的矛盾之处。但是一些物理学家经过评估米列娃的知识背景后认为，她在爱因斯坦物理学研究中所扮演的不会是一个很具创造性的角色。更进一步地说，米列娃初为人妻人母，不会有太多时间用于科学研究，而且即使是给密友的信中她也没提到正在做什么学术活动之类的事。然而，米列娃自己也是一个物理学家，对丈夫所从事的物理学研究感兴趣是很自然的，所有人都同意她肯定对爱因斯坦的工作有所帮助，比如，协助进行文字处理，或就某些问题进行讨论，让爱因斯坦的思路更清晰，思考更彻底。

爱因斯坦在论文中并没有指明相对论的起源和对该理论有贡献的先驱，所以不清楚哪种想法影响启发了他。但是法国数学家亨利·彭加勒1897年所写的《空间的相对性》一书和荷兰科学家洛伦兹1895年发表的《运动物体的电场光场理论概论》很可能对爱因斯坦的运动思想基础起到一定作用。许多物理学家相信这两位前辈科学家对相对论贡献巨大，而且他们俩的著作对引导爱因斯坦构建自己革命性的相对论也功不可没。1921年，爱因斯坦在访问美国的过程中说道："是伽利略、牛顿、麦克斯韦和洛伦兹四个人奠定了我所构建的相对论的物理学基础。"詹姆斯·克拉克·麦克斯韦在19世纪末的努力奠定了电动力学、电磁学和辐射理论的基础，所以爱因斯坦把他列入这四个人之一。但不知为什么他没提到亨利·彭加勒的早期著作，他关于相对性原则的成就在1905年和1906年发表的论文中达到了顶峰。另一方面，彭加勒也没有注意到爱因斯坦的理论，埋头构建自己的相对性理论。不管怎么说，1905年时，发展相对论的各项条件都成熟了，爱因斯坦后来表示，假如他1905年没能完成相对论的发现，其他人也会很快发现它，他很幸运自己能在伯尔尼专利局工作，因此有了更多时间进行创造性的思考并把物理学前沿的最新进展联系起来，创造出自己的新理论，可以这么说：他是在适当的时候出现的适当的人来完成这项工作——但他的创造性和智慧至少与合适的时机同样重要。

爱因斯坦的工作，特别是对相对论的研究，已开始成为当时欧洲最杰出的物理学家进行正式讨论的热点话题。他们还不知道，这个带来物理学旋风的年轻天才不过是伯尔尼专利局的一个小职员，而不是某个高端研究所的教授。爱因斯坦的名望与日俱增，而且在三年内已发表了25篇质量很高的论文，但要想在学术界谋一个自己长期以来梦寐以求的职位还是不那么容易，主要问题在于他异乎寻常的固执不合乎学术界现有的规则。例如，1907年他曾申请伯尔尼大学的一个博士后的工作，但伯尔尼大学的官员拒绝了他的申请，理由是他有一项条件不符合学校的要求：一篇新写的从未发表过的论文，以此证明他有能力承担创新性研究。他给学校当局寄去一大沓以前发表的文章，并附上一信力陈这些论文足可证明他拥有足够能力符合该项工作的前提要求。他还附上自己的博士学位证书，学位论文和一份只有九行的简历。他的要求被拒绝后，他甚至想获得一所苏黎世的高级文科中学的职位，但最终还是归于失败。后来他又尝试进入瑞士北部城市温特图尔的一家他在1901年初曾短暂工作过的技术学院。

1907年秋天，爱因斯坦正在深思为何相对论可以应用于解释其他每一个物理现象而就是无法解释引力现象，突然之间灵光乍现，这个灵感后来被他称为“一生当中最快乐的思想”。他发现匀加速力学系统的等效原理，提出了把相对论扩展到均匀加速的参照系中，完美地解决了引力问题的相对论解释。他用一个新的物理概念表述这个理论，并将它推而广之到万有引力领域：引力的本性就在于，引力能够在某个参照系中局部抵消，引力与加速度直接相等，即相对论物理学中的“等效原理”。在爱因斯坦1905年的论文中并没有讨论如何解决加速的参照系中的相对论表述。就在爱因斯坦坐在专利局的办公室里冥想时，这个全新的想法突然在脑中闪现：如果一个人正处在自由下落的状态，他绝不会有引力在身的感觉。因为所有的事物都跟着人在做引力条件下同样的自由下落运动，引力场此刻相对于下落的人并不存在——因为引力在此刻失去了参照点。爱因斯坦据此得出结论，可以假定这个自由下落的人和当时身边的所有东西都处于静止状态，而他能看到的远处的东西相对于他的状态正处于上升状态。换句话说，在爱因斯坦看来，引力也是相对的。这一发现与艾萨克·牛顿的引力理论相差不大，他认为让苹果落地的力量也使得月亮绕着地球转。在牛顿的例子里，关于苹果落地的思考引导着他最终写出著名的《数学原理》一书；而爱因斯坦则从他瞬间的灵感爆发中得到启发，最终在几年以后得出划时代的广义相对论，大大扩展了狭义相对论。而且从这时开始，爱因斯坦也开始对当时颇令人费解的水星近日点轨道异常变动的光线现象产生了浓厚的兴趣。

到1908年1月，爱因斯坦终于明白想要进入学术界必须对现存的现实有所妥协：你须得遵守规则，至少刚开始时要遵守。他最终向伯尔尼大学提交了所要求的一篇尚未发表过的论文，题为《根据黑体能量分布定律导出的辐射构成的一些结果》，从而获得伯尔尼大学兼职低薪讲师职位资格。这次，校方动作相当迅速，在他申请提交的第二个月便决定聘请他。爱因斯坦在1908年2月底履新时也遵照惯例循规蹈矩地作了就职演讲。他的教职生涯开始于当年4月底，第一节课是关于热分子理论。因为学校给出的薪水相当低，他因此保留在专利局的工作。米列娃在给朋友的信中描述这份教学工作时写道："很不幸，这个职位的薪水是如此糟糕，我们甚至不能对这份工作带来的荣耀感到高兴。"当第一学期结束后，爱因斯坦带着米列娃和儿子汉斯到阿尔卑斯山度假。当年的秋冬学年，他开始在大学课堂教授辐射学理论。

1908年一整年爱因斯坦与朋友保罗·哈比希特和康拉德·哈比希特兄弟共同致力于试验他们的"小机器"，该机器可用于测量极其微量的能量。保罗·哈比希特在伯尔尼设立了一家制造科学仪器的小公司，就是他提议着手制造这个台机器。当这台机器制造出来之后，他们试图申请专利，但很快又放弃了这个想法，因为当时所有的制造商对此机器根本不屑一顾。爱因斯坦退而求其次，发表了一篇文章介绍这台小机器的工作原理。过了不久，这台机器被证明确实很有用，因为它能测定辐射强度，并能通过测定质量与能量的等量关系来证明相对论的正确性。这台机器后来还是申请到了专利，不过它从没畅销普及，只有少数几台被生产出来。

大部分人可能都会认为爱因斯坦是一个理论物理学家，但他亦是实验物理的高手。除了这台小机器，他多年来一直喜欢亲自动手鼓捣些小玩意儿，解决复杂的拼板游戏并喜欢泡在实验室里做实验。据爱因斯坦的儿子汉斯和孙女伊芙琳后来回忆，爱因斯坦是狂热喜欢敲敲打打鼓捣东西的人。汉斯·艾尔伯特小时候最喜欢的玩具拉线小车就是父亲爱因斯坦用火柴盒做成的；伊芙琳则记起小时候常跟祖父一起玩复杂的可以拆卸拼板游戏，这些拼板大都是爱因斯坦的朋友送给他的（见第十二章详述爱因斯坦的实验和申请专利的信息）。

1909年，爱因斯坦作为当时物理学界的一颗新星，他的声望通过其充满独创性和革命性的想法继续增长，其中一个表现是他希望获得更重要职位的愿望很快得到实现。他的博士生导师阿尔弗雷德·克莱纳，即他先前声称“并不那么愚蠢”的教授，敦促其所在的苏黎世大学物理系任命一位新的理论物理学家，他考虑让爱因斯坦担任此职位，还因此到伯尔尼评估爱因斯坦的教学技巧。但爱因斯坦在这方面没有给老师留下多好的印象。爱因斯坦承认那天表现确实糟糕，因为毫无心理准备，而且克莱纳到场听课让他感到很紧张。经过这次考察，克莱纳暂时搁置将这一职位提供给爱因斯坦的想法，但考虑再给爱因斯坦一次机会来证明自己。他邀请爱因斯坦1909年2月到苏黎世的物理学会作演讲。爱因斯坦抓住了这次机会，这次演讲显然表现不错，克莱纳得以说服招聘委员会相信，爱因斯坦是当时物理学界重要的理论物理学家，有资格获得这个职位。克莱纳在写给同事的信中说：“现在爱因斯坦已跻身于最重要的理论物理学家之列。”招聘委员会很快投票，同意任命爱因斯坦为理论物理学的助理教授，从1909年10月开始在苏黎世大学的教学生涯。这是爱因斯坦的第一份全职教授工作。

米列娃为爱因斯坦和他的新工作颇感自豪，但她对丈夫地位的变化抱着复杂的感情，因为她知道一旦进入学术界这个圈子，丈夫的行踪就不会如以前朝九晚五八小时专利局工作时那样平静可测。她似乎预感到了这种变化对婚姻的冲击，她在一封给朋友的信中写道：“现在，他将可以全心投入心爱的科学事业了，他心中只有他的科学。”爱因斯坦在苏黎世大学的工资与他在专利局拿的差不多，这正合他的心意。没有了经济方面的后顾之忧，爱因斯坦决定辞去专利局的工作。

1909年夏天，当得知自己的苏黎世大学助理教授任命已被通过，爱因斯坦随即向专利局提交了辞呈，离开了待了七年之久的第一份工作。两天后，这位新科教授到日内瓦接受日内瓦大学授予的荣誉博士头衔（爱因斯坦一生接受了大约25个类似的荣誉头衔），并且被邀请作为嘉宾参加日内瓦大学建校350周年庆典。实际上，爱因斯坦还差点错过这个仪式。当他打开日内瓦大学的邀请信时，看到里面的内容是通知他到日内瓦城接受荣誉博士学位，居然认为是有人开玩笑给他寄了这么一封垃圾邮件，就把它随手扔到垃圾筐。由于久不见回音，日内瓦大学校方直接跟他联系，竟然说服尚不知怎么回事的爱因斯坦答应到日内瓦城。到了日内瓦他才知道将被授予日内瓦大学荣誉博士学位，不过他已来不及穿得正式一点参加这个仪式了。他是唯一一个身穿休闲的夏装和草帽参加仪式的贵宾，其他宾客都身穿正式衣装或博士袍与会。玛丽·居里，即居里夫人，也是被授予荣誉博士学位的嘉宾之一，这应该是两位伟大的物理学家的第一次会面，不过大部分传记作家声称他们开始成为熟识的好朋友是在1911年秋天的索尔维大会。当天还有一个被授予该项荣誉的名人是诺贝尔化学奖得主弗里德里希·奥斯特瓦尔德，他后来数次提名爱因斯坦评选诺贝尔物理学奖。真是时空变幻造化弄人，现在离爱因斯坦刚毕业时还没几年。1901年时，爱因斯坦和他父亲都曾给奥斯特瓦尔德写信求助，希望能帮当时尚为工作发愁的爱因斯坦推荐工作，而此时这个天才的后生已和他站在一起接受同样来自日内瓦大学的荣誉了！

1909年秋天，米列娃犹豫再三决定离开伯尔尼跟随爱因斯坦到苏黎世去。对于爱因斯坦与日俱增的名声，她越来越觉得没有安全感，担心这种身份地位的提高可能对他们的家带来冲击。各种各样的学术和社交活动经常让爱因斯坦不着家，甚至有时在家突然有事便被人叫走，离米列娃母子俩而去。她写信给朋友抱怨说："我只祈求这种声望不会对他心中所爱有任何影响。"同时，米列娃也颇为担心他对其他女人的吸引力，她对此很嫉妒、生气，感到自己被爱因斯坦忽视。尤其是当爱因斯坦10年前的女朋友玛丽·温特勒写信祝贺他被任命为苏黎世大学教授时，她更是火冒三丈，以至于忍不住写信给玛丽的丈夫质问玛丽写这封信的动机，这事让爱因斯坦颇为尴尬。但爱因斯坦显然很习惯甚至乐于接受于女人的环绕，不管是年轻的还是年老的，往往都会被他迷人的风度和颇为精致好看的外表所迷倒。

就在这年夏天快结束的时候，爱因斯坦在奥地利萨尔兹堡作演讲之前，米列娃说服丈夫一起到阿尔卑斯山度假。这次短途旅行表面上修复了变得有点紧张的夫妻感情，极有可能在这次旅行中米列娃怀上了他们的第二个儿子。米列娃10月发现再次怀孕时，爱因斯坦刚好把家从伯尔尼搬进苏黎世的一套小公寓，并且开始在大学里的教书生涯。米列娃怀孕期间，爱因斯坦在苏黎世大学专注于机械学和热动力学两门课程的教学，并且还主持了大学的一个物理学讲座。

家庭生活确实存在一些问题，但通过发表一系列论文及评论、教学和作科学演讲，爱因斯坦在欧洲物理学界的大名继续远扬。在他的那场萨尔兹堡演讲中，欧洲的物理学家终于能够好好地端详这位天才人物，而爱因斯坦也因此可以同许多仅通信往来而素未谋面的同行和批评者们面对面地交流。从这时起，他对关于相对论的演讲失去了兴趣，转而重点研究辐射理论。他在萨尔兹堡所作的演讲被认为是爱因斯坦研究转向乃至理论物理学向前发展的转折点之一。

因为建立相对论的巨大贡献，爱因斯坦被提名参选1910年的诺贝尔物理学奖，但这次没能如愿获奖，因为诺贝尔评选委员会认为他的相对论应该得到实验证实后才能获得这一荣誉。直到他1921年最终获奖的前后10年里，爱因斯坦总共被提名了六次（1912年至1914年，1916年至1918年）。刚开始，他不仅因相对论而且也因布朗运动的研究而被提名。尽管广义相对论于1919年被实验证实，但当时怀疑者还大有人在，因此一直拖到1921年才最终授予他当年的诺贝尔物理学奖，而且这次奖还不是因为相对论获奖，而是表彰他对光电效应研究的贡献。

在爱因斯坦声名日上的情况下，研究教学机构想争取爱因斯坦为他们工作是毫不奇怪的。1910年春天，位于捷克首都布拉格（布拉格被认为是欧洲高等教育和科学研究最古老最负盛名的中心之一）的查尔斯德文大学的官员热切希望爱因斯坦到他们大学工作，承诺为他保留理论物理学教授的职位。当时布拉格属于奥匈帝国的一部分，大学教授的任命还需通过奥匈帝国教育部的批准。爱因斯坦被这个享有崇高声望的职位打动了，对此非常感兴趣，但是批准的过程相当漫长，他认为可能是自己的犹太人身份让教育部犹豫不决，当时奥匈帝国的反犹太情绪比欧洲其他地方更为普遍。

因为拟议中的教授职位比他在苏黎世大学的助理教授职位更高，他在苏黎世大学放出风声说，如果那边的任命被通过，他可能辞职离开苏黎世大学另谋高就。虽然爱因斯坦不总是一个好老师或演讲者，但他高深的学养，巨大的亲和力与创造性的见解很受学生们的欢迎,学生们都希望能留下这个名扬欧洲的物理学大师，联名向苏黎世校方请愿施压，要求提升爱因斯坦的职位以挽留他继续留在学校。校方在压力之下，不但同意擢升他为正教授，还决定每年为爱因斯坦增加1000瑞士法郎的薪水。但爱因斯坦一方面去意已决，急于通过进入查尔斯德文大学进一步提升自己在欧洲的科学界的地位和名望来扩大宣扬自己的关于物理学方面的观点和看法；而且另一方面，他还是觉得苏黎世大学提供的条件还不够好。他决定到维也纳去一趟，他的职位的任命将在那接受奥匈帝国教育部的审批，同时也顺便拜访当时定居在维也纳的哲学家厄内斯特·麦奇。爱因斯坦在伯尔尼时通过米歇尔·贝索介绍看了很多麦奇关于自然哲学的著作，这些著作对爱因斯坦早年的科学思想的影响很大。1910年末，从维也纳返回苏黎世等待来自布拉格的任命消息时，他发表了一篇论文，其中有些内容解释了天空为何呈现蔚蓝色的道理，这也是他最难理解的论文之一。

这一年，爱因斯坦家发生了好几件值得纪念的大事。其中之一是他最喜欢的妹妹玛雅与保罗·温特勒于当年3月喜结连理；米列娃的父母在这年夏天到苏黎世探望女儿、女婿还有外孙；7月底，爱因斯坦的第二个儿子爱德华（昵称为“Tete”）降生了。这些大事给爱因斯坦的生活带来很多喜悦，但他的科学研究和事业追求仍然排在第一位，这使得妻子米列娃颇有微词。她抱怨道：“功成名就后，他并没有留出时间跟他的妻子交流。”二儿子爱德华是一个敏感聪明的孩子，但是实在很难抚育，因为他的体质很差，小时候经常生病。不过在二十岁患上精神病之前的那段时间他的身体还是相当好的。

1911年1月初，爱因斯坦总算等来了好消息。首先是奥匈帝国约瑟夫皇帝亲自批准了对爱因斯坦查尔斯德文大学理论物理学教授的任命，从当年4月开始生效。其次，爱因斯坦还获得意外的褒奖，即聘任他为大学理论物理研究所的主任，具体负责当年机械学和热力学课程的教学工作以及主持学校的物理学讲座。皇帝还为他提供一份颇有吸引力的薪水——大约是他在苏黎世大学时的两倍。爱因斯坦没花多少时间考虑便答应了——这个机会对他事业当时所处的阶段来说实在太及时了，好得无法拒绝。1月底，尽管颇为遗憾，但他还是向苏黎世大学校方提交了辞呈。3月底，经过中途在慕尼黑的短暂停留后，爱因斯坦教授正式把家安顿在东欧的布拉格。

布拉格是个拥有迷人建筑的古城，大约建立于9世纪，以其势利和奢华的民风而出名。这个古老的都城还被认为是中部欧洲领先的学术中心，德国和捷克两种文化在城中相互交织相互渗透，多元的发展使得城市生态相当迷人而复杂。德国人仅占布拉格总人口的百分之十，但是大都处于社会的上层，凌驾于其他族群居民之上，犹太人在这里的地位相当低。爱因斯坦到达布拉格后不久在写给好朋友米歇尔·贝索的信中说，这里的德国居民“待人冷漠，是势利与奴态的结合体，毫无仁慈友爱之心”。但他刚抵达布拉格时却受到热烈欢迎，当地甚至为此举办了盛大的庆祝会，人们不断吹捧他，并承诺将给他提供一流的生活条件。尽管他发现大学的同事对科学基本上并不感兴趣，但他还是对周围工作环境感到满意，特别是大学里宏大的图书馆和可以不受干扰地进行自己的研究。

由于薪水大大增长，爱因斯坦和米列娃可以过上比在伯尔尼和苏黎世更加宽裕的生活。他们有了一个宽大的公寓，有足够的空间留作孩子们自己的房间，甚至米列娃的母亲来的时候也能单独住一屋。但是拥有舒适的物质生活的同时，米列娃却并没显得多快乐，在和布拉格自负的邻居们的交往中总是有一种很不舒服、很压抑的感觉。她专心于养育汉斯和小爱德华，试图从中获得些安慰，但始终无法习惯布拉格的新生活，而爱因斯坦又一头钻进物理学研究中无暇顾及她的感受，米列娃的情绪变得越来越低沉消极。即使爱因斯坦经常在家——也有可能正因为爱因斯坦老在家——他们家的气氛还是变得越来越阴郁，米列娃对爱因斯坦日益增长名声的猜忌则由此雪上加霜。

更糟糕的是爱因斯坦患上了严重的胃病，这个病在此后的日子里一直困挠着他。虽然疾病让他经常盘桓于病床之间，但他还是很好地完成学校赋予他的教学研究职责。为了消弭无工作可干时的百无聊赖和寻找在工作中所不能体会到的满足，他开始频繁光顾布拉格城里的一些时尚的沙龙聚会。范特斯酒吧是爱因斯坦常去的一个地方，它是一所18世纪风格的建筑，房子里挂着一幅很有特色的布拉格城堡的画像，犹太年轻人和其他社会名流常常在这里聚会，他们每星期碰一次面，一起聊哲学、音乐和文学等。这样的情景让爱因斯坦想起在伯尔尼时与朋友们在一起的快乐时光。著名现代主义作家弗朗兹·卡夫卡也是沙龙聚会的常客，他当时还只是一位忧郁的律师，其带着存在主义色彩的作品还鲜为人知，他到犹太人沙龙除了结交朋友还为了凸现自己犹太人的身份。还有其他一些作家、哲学家和犹太复国主义者也常混迹于沙龙，如约翰娜·凡托娃，她嫁到范特斯家族，后来成了酒吧的主人之一。1929年到1930年间，在她资助并组织下，伯尔尼设立了爱因斯坦的个人图书馆。她和爱因斯坦在沙龙上开始认识，40年后他们都定居于美国普林斯顿，成为鸡犬之声相闻的邻居，也是关系亲密的朋友。

爱因斯坦在布拉格工作的时候还很年轻，也就三十二岁左右，但是在学术界已非常出名了。很多学校和机构慕名而至，希望邀请爱因斯坦到他们的机构工作。因此当时诱惑是挺多的，特别是米列娃闹着想离开，她对布拉格的生活一直不太习惯。让爱因斯坦下决心离开的原因之一是爱因斯坦在苏黎世联邦技术大学时的舞蹈老师给他的建议。因为回到瑞士的苏黎世对爱因斯坦和米列娃两个人的吸引力都很大，爱因斯坦很快着手准备在苏黎世寻找合适的职位。玛丽·居里和法国著名数学家、哲学家亨利·彭加勒都在此过程中给予爱因斯坦慷慨帮助，积极向学校和研究机构大力推荐他。爱因斯坦花了好几个月等待来自苏黎世的消息，在这几个月里他开始构思出广义相对论的核心思想——引力对光线的作用——他暗示要证明他的理论可能要花上好一段的时间，也许要等到下一次日食。

随着年末的来临，到11月初，爱因斯坦在布鲁塞尔参加第一届索尔维大会，并在会上作了一次演讲。索尔维大会由比利时化学家厄内斯特·索尔维和其他捐助人一块倡导召开，这在当时欧洲科学界是一件大事件，几乎所有的欧洲顶尖物理学家都会参加。爱因斯坦是最年轻的与会者，但他与其他同行相处融洽，大展其亲和、优雅和幽默的一面。他在这个大会上再次遇见二度赢得诺贝尔物理学奖的居里夫人，她丈夫皮埃尔·居里此前不久不幸在一次车祸中丧生。他们进行了一些交谈，后来居里夫人回忆说，她相当“赞赏他清晰的思维，渊博的知识和深邃的思想……人们可以毫无疑问地寄予最大的希望在他身上，确信他未来能成为世界上最顶尖的理论物理学家之一”。但从爱因斯坦这方面，虽然他很崇拜居里夫人及她所作出的巨大贡献，但他后来形容她“像北大西洋一样冷淡，而她女儿比她还糟糕”。

这次大会目的在于邀集物理界精英一起讨论辐射和量子理论的研究进展。由于厄内斯特·索尔维的热诚和巨大的感召力，各地科学家对此次大会反响热烈，开得相当成功。索尔维宣布以后每两年召开一次这样的大会，使之成为欧洲科学界的一个定期性科学家峰会。这一例会一直沿袭至今，被称为“索尔维大会”，成为世界顶尖物理学家和化学家的重要交流机制。科学家们共聚一堂，就某一领域讨论一个或几个与之相关的具有根本重要性的问题，共同寻求解决的办法。

1912年1月末，爱因斯坦担任母校苏黎世联邦技术大学理论物理学教授的任命被批准了。一家人很高兴地期盼着当年7月能够离开布拉格搬回苏黎世老家。但就在全家人翘首以待的期间，爱因斯坦只身一人先回伯尔尼去探望定居在那的亲戚朋友。他看望了在那的叔叔和婶婶，并且熟识了离婚回到父母家的表姐爱尔莎。其实他们俩小时候走亲戚时就认识，她比爱因斯坦年长几岁，只是出嫁后多年来都没再联系，关系便渐渐疏远了。这次回叔叔家两人再次见面时，爱尔莎已离婚，带着两个女儿，十三岁的艾尔丝和十一岁的玛戈特，她的前夫离婚后很快就死了。两家颇有着错综复杂、千丝万缕的联系，爱因斯坦的母亲和爱尔莎的母亲是姐妹，而两人的父亲是同一个祖父的堂兄弟。爱尔莎眼睛湛蓝而明亮，性格灿烂开朗，与不苟言笑的米列娃属于截然不同风格，爱因斯坦被这个活力洋溢的女人深深吸引了。他心怀对爱尔莎的无尽憧憬返回布拉格，马上便开始与她秘密的通信往来，这一秘密交往在他和米列娃及孩子们搬回苏黎世后还在持续。

回到瑞士后，米列娃给朋友写信倾诉回到故地的高兴心情。她一直认为布拉格脏兮兮的，对孩子们的健康很不利。爱因斯坦此时的工资与他们在布拉格时差不多，所以生活依然可以比较宽裕而舒适，他们搬到一所宽大的向阳公寓里，家里的现代设施应有尽有，而且离苏黎世联邦技术大学校园很近。但是提到丈夫，米列娃在信中写道："我自己都觉得有些丢脸，我和孩子们对于他来说显得不那么重要，只是处于他的物理学之后的第二位而已。"爱因斯坦则对再次回到苏黎世的老朋友们中间感到十分满意，也很享受在母校的教授生活。不过米列娃的精神状态一直不好，甚至变得很坏，她变得越来越沮丧而乖僻，这一方面可能是因为她残疾的脚一直疼痛不断；另一方面由于巴尔干国际局势不断恶化，极有可能导致战争，她对父母和老家的朋友们的安危十分担忧。对此爱因斯坦不但没能向妻子给予适当的温情和关爱，反而越来越疏远心情抑郁的妻子，常常一个人躲到朋友那儿拉小提琴散心。

1912年爱因斯坦受邀成为一本关于辐射的书的撰稿人之一，开始整理自己的著作，这次整理出来的著作后来被称为"狭义相对论"，与1915年至1916年发现的"广义相对论"相区别。爱因斯坦大约花了两年来完成这项工作，但由于第一次世界大战的爆发没能及时出版。战争结束几年后，出版社让他修订更新书的内容以便安排出版，但那时他实在忙不过来，就这样这部著作竟然延迟了几十年才于1995年最终出版为四卷本《爱因斯坦论文集》，这部著作即使在今天，对人们研究爱因斯坦的相对论思想也有着极高的价值。

1912年初，爱因斯坦开始认识荷兰物理学家保罗·艾伦法斯特，他到布拉格拜访当时还在该城的爱因斯坦，后来成为爱因斯坦最亲密的朋友之一。爱因斯坦后来回忆道："在一起相处了几小时我们就成了好朋友，我们俩意气相投、惺惺相惜，我们真挚的友谊一直持续到他离开人世。"自那时始，他们开始了一直长久热情持续的书信往来，讨论物理学、音乐、犹太复国主义和他们的家庭。此后在德国时的交往中，爱因斯坦甚至收到艾伦法斯特送的小提琴和一台钢琴。多年来艾伦法斯特一直想让爱因斯坦到荷兰的莱顿大学做长期研究，但爱因斯坦已在柏林大学安顿下来，没有很强的意愿到别的地方去。1934年，艾伦法斯特患上一种爱因斯坦称之为“病态自信缺乏症”的心理疾患，持枪杀死了正在医院接受治疗唐氏综合征的十六岁的儿子，然后自杀于儿子旁边。爱因斯坦对艾伦法斯特之死十分悲痛，十分惋惜失去一位亲密好友。

1913年，爱因斯坦的婚姻越来越摇摇欲坠，但从这年起爱因斯坦意识到不能再逃避自己对妻子和孩子的责任。他内心斗争十分激烈，从他给爱尔莎的信中可以看出内心的挣扎。他依然对她颇有好感，但感到左右为难。米列娃腿部痛苦不堪的疾患让她终日卧病在床，甚至不能很自如地照顾年幼的孩子们和完成家务。在爱因斯坦看来，米列娃变得越来越令人厌烦，经常情绪低落，而且老是喋喋不休地抱怨——尽管她这么做显然有她的道理——但对于爱因斯坦，他实在难以忍受，为了不被烦人的家事分散精力，他让自己终日忙于工作，专注于新的引力理论的思考，并尽量不去想迷人的爱尔莎。因为担心双方家庭不同意他们的来往，曾连续九个月没给爱尔莎写信，但当爱尔莎给他寄了一张生日卡后他们又恢复了秘密通信。在那后不久，爱因斯坦和米列娃一起来到巴黎，他在那作了一次演讲，还到居里夫人家做客。当年夏天，居里夫人携女儿来访，爱因斯坦带着九岁的汉斯与居里夫人母女一块到瑞士南部的恩格达恩山谷作了一次家庭徒步旅行，同行的还有居里夫人九岁大的女儿。米列娃由于脚患的原因未能加入这次徒步旅行，但显然很喜欢户外的新鲜空气和美丽的景色。保罗·艾伦法斯特夫妇随后也前来拜访，到苏黎世爱因斯坦家住了两个星期，两位物理学家在一块相谈甚欢，两人的友情更加深厚。

1913年，丹麦物理学家尼尔斯·玻尔提出关于原子运行的新理论，进一步促进了量子论的发展。他认为原子中围绕原子核旋转的电子只在一定范围内运动，这个范围即为量子化的轨道。根据这个理论，当电子从一个能量级的轨道移动到另一个的时候，光线中的光子便表现为被发射或吸收。玻尔因这个理论在爱因斯坦获得诺贝尔物理学奖之后的1922年也获得同样的荣誉。

9月，爱因斯坦夫妇带着孩子们到匈牙利看望外公外婆。在米列娃的要求下，汉斯和爱德华在匈牙利当地一所东正教教堂接受了受洗仪式。父亲爱因斯坦对有组织的宗教没有任何兴趣，所以并未参加孩子的受洗仪式。从米列娃父母家出来，他们一家又到奥地利首都维也纳去了一次，爱因斯坦在那作了一场关于他正在研究的新引力理论的演讲，这场演讲在维也纳引起轰动，许多主流报纸都在头条登载了这条消息。然后米列娃带着孩子们回到苏黎世，爱因斯坦则到德国柏林处理一些私人事务并在那密会爱尔莎。

同年，爱因斯坦与数学家、私交甚笃的好友马歇尔·格罗斯曼共同发表了一篇关于广义相对论的论文。爱因斯坦在论文中负责解释物理原理，格罗斯曼则负责将原理通过复杂高深的数学演算归纳为数学方程式（这种合作的新方法在爱因斯坦的另一篇论文也被运用，合作者是他的另一个同事）。爱因斯坦通过这篇论文，觉得已在解释广义相对论方面完成了巨大的突破——他是如此自信，实际上甚至认为没有必要再用实验来证明。但他还是满怀希望地等待着下一次日食，认为通过对日食时一些天象的实验观测，势必能向人们证明他的理论的正确性。

1913年11月，爱因斯坦终于等来他几个月前就断定十拿九稳的好消息，普鲁士科学院通知他已被选为该院院士，并且聘请他为柏林大学的教授同时邀请他担任马上就要成立的威廉皇帝物理研究院的负责人。这些职位为爱因斯坦带来可观的薪水，因此，尽管米列娃相当反对，他还是决定接受这些职位。为什么爱因斯坦不顾让他深恶痛绝的呆板的普鲁士人和扼杀自由和天性的教育制度而想要回到讨厌的德国？许多人感到不理解。但是应该注意，接受这些职位的其中一个条件是，不会强制要求他到课堂教学。虽然他并不讨厌作演讲，但仍然觉得教学工作太占用搞研究的时间了，他最喜欢的还是做他个人的理论研究。到柏林大学便意味着他可以更加专注于完成广义相对论的构建工作。当然毫无疑问，他心中的秘密也起到了推波助澜的作用：毕竟柏林是爱尔莎居住的地方。所以他义无反顾地接受了邀请，踏上到柏林的旅途，而这一去给他的生活带来了深远的影响。

六
战争与和平

军事动员下的英雄主义，无意识的暴力行为，及其他所有这些令人气愤的无聊之举都打着爱国主义的旗号——我对此切齿痛恨！

——1930年的《我的信仰》

爱因斯坦早期在柏林的日子正是声望在世界范围内迅速增长的时期。人们不仅为物理学而与爱因斯坦交往，一些与物理学无关的事务和社交活动也开始占据爱因斯坦生活中大量时间，这段时期跟学术无关的社会活动大都与他的和平主义者立场或犹太人身份相关。

1914年4月把家搬到柏林之前，爱因斯坦一直保持着与爱尔莎的通信联系。到了柏林后，两人更加深陷于这种暗地里的私通。虽然米列娃从来没有当面撞见他们俩的私情，但从给朋友的通信和交谈中可以得知她显然已有所怀疑，她的不快乐也有一定道理，因为爱因斯坦已完全忽视米列娃的存在，经常根本就不怎么待在柏林威尔莫斯多弗区的家里。米列娃本人根本不情愿搬到柏林，一方面担心来自爱因斯坦家庭对她依然存在的敌意，也很害怕将要面对一个完全陌生的环境和不一样的文化。这是第二次她不得不遵从丈夫的意志，让她从很熟悉、有安全感的瑞士搬到一个不喜欢的地方。

就在此时，欧洲的巴尔干半岛萨拉热窝街头已点燃了第一次世界大战的导火索。1914年6月28日，在波黑首都萨拉热窝街头，一名年轻的波斯尼亚斯拉夫民族主义者贾夫利洛·普林希普刺杀了奥匈帝国皇位继承人弗朗兹·费迪南德大公，以此抗议奥匈帝国1908年吞并波黑。奥地利指责塞尔维亚是这次刺杀事件的幕后操纵者，企图借此打击塞尔维亚染指波黑。备受压力的塞尔维亚为了自保向沙俄求援，德国很快加入成为奥匈帝国的盟友。这一事件成为欧洲列强之间混战的第一次世界大战的导火线。1914年8月4日，德国发动了对中立国比利时的战争，从而迫使英国加入混战。当掌权的威廉皇帝试图从混战中脱身而出时已太晚了，德国军队不再接受皇帝的命令，自行决定把战争继续下去。第一次世界大战从此开始。

在这场欧洲浩劫期间，对婚姻失去希望的爱因斯坦决定要结束自己家中的“内战”。他于1914年7月中旬写给妻子米列娃一份不寻常的便笺，要求如下几条作为自己继续与她一起生活的条件：

> （一）请你注意（1）要把我的衣服洗好并放整齐；（2）希望能够把三餐按时送到我的房间；（3）我的卧室应该保持整

洁，我的研究工作也不能被打乱，特别是我的书桌任何人都不能用，只由我一个人使用。

（二） 如果不属于社交的必需的范围，你应该放弃所有与我的个人关系。具体而言，你应该放弃（1）要求我待在家里陪你；（2）要求我陪你外出或去旅行。

（三） 你应该遵从下面的几点跟我相处的要求：（1）不要要求我给你任何温柔或关爱，也不要试图给我提任何建议；（2）如果我要求你停止，你应该马上停止向我诉说任何事；（3）如果我要求你离开，你应该马上离开我的卧室，不许干扰我的工作。

（四） 你必须保证在孩子们面前不许用言语或行为轻视我，应该维护我的形象。

法国散文家蒙田曾写道：“如果把男人一生所有的行为和想法都用法律的观点详细审查，那么没有一个男人不配被吊死十次以上——是的，包括其中有些男人会因受到惩罚而成为丑闻，而有些人会认为对他的惩罚根本不公正。”看到爱因斯坦上面所写的给妻子的便笺，你或许难以对这个忍受着沮丧而痛苦的家庭生活的男人心生怜悯。他和米列娃结婚11年，两个人在大部分时间都不快乐。1913年12月给爱尔莎的信中，爱因斯坦写道：“如果一方对另一方做得仁至义尽问心无愧的时候，离婚是很容易的事吗？……我现在对待我的妻子就像对待一个不能解雇的雇员似的……她是一个无法让人感觉亲近、毫无幽默感的人，毫无生气，她一出现便把其他人生活的乐趣扼杀了。”他给米列娃的那张便笺显然是故意用冷酷无情的词句来羞辱和疏远她，告诉她以后他将会如何对待她——至少这是他写这张便笺时的心情，他对米列娃已恼怒至极。他希望米列娃读懂那张便笺的意思，然后主动选择离开，除此之外他实在无法想出更好的办法来处理这件事。

刚开始米列娃接受了这些苛刻的条件，因为不管在经济上还是在社会关系上都依赖于爱因斯坦的她别无选择。但心中的羞辱感和情感的冲击对米列娃而言实在是太大了，所以到7月底她再也无法忍受这一切，便收拾行李和孩子们仓促离开柏林回到苏黎世。在那儿，她开始准备最终的离婚。从此，爱因斯坦获得全新的自由，让他与爱尔莎的恋情进一步发展。他给朋友贝索写信告诉他说，他对分居的状态非常满意，因为这给家中带来平和与安静，也因此有可能“与表姐保持良好而令人愉快的关系，在不用结婚的情况下也能保持稳定”。这次婚姻的悲剧，让爱因斯坦对结婚有了一种苦涩的感受，认为结婚伴随而来的令他害怕的束缚让他的生活陷入中产阶级的平庸与市侩的俗套中。他声称：“婚姻让人们对待对方就像对待私有物品一样，结婚后的人就不再是自由的人了。”他进而认为：“婚姻不过是让奴役改头换面以一种文明的方式出现而已。”

当战火在整个欧洲延烧时，德国社会的各个阶层都被要求支持这场战争。作为瑞士公民，爱因斯坦没有义务服德国的兵役。实际上，他宣称自己是和平主义者，而且第一次在公众场合说出自己反对战争的看法。当时的公众被所谓的爱国主义所蒙蔽，为战争早期德军在战场上的进展欢呼雀跃。爱因斯坦1914年8月给朋友艾伦法斯特的信中说：“欧洲的疯狂现在已进入一种难以置信的荒谬中。此时此刻更加可以看出我们是多么可叹的野蛮……我所能感到的只能是遗憾和厌恶。”他在物理学家乔治·尼古拉起草的和平主义声明上签下自己的名字，号召欧洲国家团结起来，停止一切民族主义的仇杀和混战。他同时还参加多个反战集会，其中一个集会是由一家主张欧洲一体化的组织发起的。该组织因此于1916年被德国政府所取缔。但是爱因斯坦与其他和平主义者的奔走呼号并没有带来任何改观，战争还在继续，流血还在发生。

爱因斯坦的和平主义理想是出自肺腑的。从小时候开始，他就特别讨厌打打杀杀的军事主义。他实在无法理解士兵们必须无条件服从上级和政府的命令，根本不独立思考所执行的战争和政策的对与错。他后来给一家基督教期刊的编辑的信中说：“我所持的和平主义是一个与生俱来的本能感情，我执著于这一感情是因为对人的屠杀实在是太令人发指了。和平主义并非起源于任何学术理论，而是基于我个人对任何类型的残忍和仇恨的最深的憎恶。”他认为政府的最重要的作用在于保护个人，并允许每个

人有机会发挥其创造力。强迫人们参加军队显然有违这一宗旨。当他还是二十二岁的年轻大学生时，他就曾给温特勒爸爸写信道："对权威的愚蠢迷信是真理的最大敌人。"他对任何一方压倒另一方的竞争都很鄙视，甚至于对一些有利于培养创造性的运动如棋类也很不以为然。他也不能理解人们喜欢竞争及胜利所带来的快乐，他认为人们竟然不管这些喜悦是通过残酷的战争还是任何权力或地位斗争的方式获得。

爱因斯坦在柏林大学的新工作中必须很好地处理与德国同事和校方的关系，对其中很多人，他私下里对他们的意识形态大加鞭挞。因为考虑到自己并非德国公民，他特别注意不与德国同事辩论时事，也从不在此问题上和他们对抗，只是很技巧地问一些问题以此来表达不同的观点。他也不仅限于把自己当做瑞士公民，还认为自己是世界公民，不隶属于任何特定的国家。他评论道："国家主义是一种幼稚病，是人类的麻疹。"爱因斯坦的国际主义观点部分来源于他所坚持认为的科学研究没有国界，应该全世界免费共享科学成果。他认为国与国之间相互隔阂，使得各国的科学家们很难进行专业的交流。

令人奇怪的是，当他的一些精通爆破和化学的朋友利用所掌握的专长为战争当局卖命的时候，他并不显得特别不安，跟他在第二次世界大战时针对一些原子物理学家支持纳粹德国的忧虑表现大相径庭。爱因斯坦的朋友、化学家，1918年诺贝尔化学奖得主弗里兹·哈伯便被德国政府任命为化学战争研究部门的负责人，研究在战争中使用毒气的技术。另外一个同事，1920年诺贝尔化学奖得主瓦尔特·能斯脱，是威廉皇帝研究院的董事会成员和理事之一，在战争期间也成为战争武器研究的负责人之一，他的两个儿子都在这场战争中战死。

爱因斯坦发表相对论10年后，欧洲正经受着第一次世界大战战火的折磨。他依然在苦苦求索着如何把相对论理论加以扩展。在这时候，许多物理学家继续对相对论理论加以质疑，因为他们没有必要的知识背景、科学思维工具和公式来充分理解深奥的相对论的实质，而且直到那时还没有一项实验宣布证实相对论的假说。其他人则干脆把相对论束之高阁不再理会。因此，爱因斯坦决定踏踏实实地发表一系列文章、论文并作了很多公开演讲，继续向人们阐释他的理论。那一年的文章和演讲数量竟然达到17次。整个第一次世界大战期间，他都在致力于构建后来所称的“广义相对论”。

1914年正好有一次日食的机会，观测这次日食的最好地方是俄国西南部。爱因斯坦的一个德国同事爱尔文·弗洛伊德里希，在这年8月到俄国考察，拍摄了一系列有关日食的照片，尝试证实爱因斯坦相对论中的预测——在引力场中，光线会偏斜或者说弯曲。当弗洛伊德里希到达第一次世界大战策源地之一的克里米亚半岛不久，德国和俄国变成了交战中敌对的双方。科学家被俄国军队俘虏，关到战俘集中营里，他们从一个阿根廷探险队借来的设备则全部被没收。这样一来，德国和阿根廷的探险队都无法拍摄日食照片了。只有当时尚处于中立立场的美国探险队，由于两国那时还没变成敌国，还能够照常拍摄。不过非常不幸的是，1914年8月21日日食当天天气很不好，厚厚的灰色云层挡住了日食的过程，所有到场的观测队都无功而返，只能等着1919年的下一次日食才有机会证实爱因斯坦的预言了。

1915年底，爱因斯坦的研究工作有了突破，他提出了包含引力方面现象解释的完整的广义相对论理论（见第七章）。他在普鲁士科学院连续作了四场演讲来概括自己令人激动的发现。他1915年发现的理论取代了开普勒—牛顿行星运动定律，这个旧理论的基础是绝对空间的假说。而爱因斯坦新理论则涵盖行星椭圆形运行轨道的慢速运行，而且还能预测全新的情况——光线在太阳引力下的弯曲和水星近日点的光线现象。

在这期间，爱因斯坦的紧张工作和与爱尔莎的爱情一度让他忘却了自己作为父亲的责任。他的孩子们，特别是汉斯·艾尔伯特，已对日渐疏远的父亲产生恨意。在汉斯的印象中，父亲除了经常不在家之外，即使在家也通常伏案工作，不许他们进入他的房间玩耍，还不时对他们无缘无故地发火。后来爱因斯坦也感觉到了对儿子的疏远，不过尽管他很想念和担心孩子们，很想将他们接到柏林跟自己一起生活一段时间，但他意识到在这个兵荒马乱的时刻，让孩子们待在持中立立场的瑞士比留在德国会更安全些。他本来想夏天回苏黎世看望孩子们，但米列娃回信说他们那时可能不在家，只能转而带着爱尔莎和她的女儿们一块到波罗的海度假。他与米列娃和儿子们还保持着通信联系，最终在1915年9月回家与孩子们会聚，还带着汉斯到附近的山里作了一次徒步旅行。

爱因斯坦把他对战争的感受用一篇题为《我对战争的看法》的短文章表达出来。这篇文章是应一家德国文化组织之邀写于1915年的10月至11月间，后来收入一部叫《爱国的纪念》丛书，并于1916年出版。这是一个文化保护运动，许多德国著名人物聚集起来号召在战争中好好保护德国的文化。爱因斯坦没有按主办者所要求的写一篇爱国主义的声明，而是写了这篇文章讲述他对战争的反对和憎恶。他说战争是植根于"由男性生物特性决定的侵略攻击性倾向"，他高举和平主义的旗帜，拒绝任何情况下的战争。他这篇声明的原稿中的大部分内容并没有被发表，公之于众的是经过审查的版本。审查过的版本中称："我的国籍和公民资格所在的国家在我的感情中无足轻重。我把国家与个人的关系当做是一种商业关系，类似于人们与人寿保险公司之间的关系。"爱因斯坦9月与儿子汉斯徒步旅行期间曾偶遇法国作家、和平主义者罗曼·罗兰。据罗兰回忆，爱因斯坦希望第一次世界大战中的协约国赢得胜利，这样普鲁士的力量才能得到制约。他还主张依据地理分界线把德国分成两个部分，北边的普鲁士为一个国家，而南德和奥地利在南方组成另外一个国家。

进入1916年，爱因斯坦被选为德国物理学会的主席，他在这个位置上一直待到1918年。这一年对他来说更重要的事是，他殚精竭虑的心血结晶，广义相对论的详细论文发表了。这篇文章是他为《物理学纪事》而写的，题为《广义相对论的基础》。从此开始，1905年发表的相对论被称为"狭义相对论"，而1915年至1916年间得出的涉及引力场的相对论理论则被称为"广义相对论"。广义相对论几乎可以用数学公式的方式解释所有的物理学定理（见第七章）。因为许多人发现广义相对论中的数学证明相当复杂，爱因斯坦努力简化了论证过程，并归纳出一个新的等式。这个等式技术性不那么高，首次发表于1917年写成的一本书《关于广义和狭义相对论的简易读本》中。这本书后来成为他最广为人知的一本书。虽说题目称之为"简易"，但实际上这本书对很多读者来说并不显得那么好理解（该书的英译本出版于1920年，该书名为《广义和狭义相对论普及读本》）。也许更浅显易懂些的是1916年他对量子运行原理的贡献，体现在他当年发表的三篇论文中。

第一次世界大战的残酷杀戮还在继续，数以百万计的人在东线、西线和海上阵亡。爱因斯坦坚持不懈地为他的和平主义理想奔走呼号。德国则依旧沉湎于民族主义的迷梦中尚未清醒。这一迷梦40年前由完成德国统一的首相奥托·冯·俾斯麦发起，一直到第二次世界大战后才真正终结。当德国皇帝威廉二世1888年就位时，他满怀扩张的野心，他很快解除了年老而政治上非常精明的俾斯麦的职务。德国人因此有了一位很想恢复往日征服者雄风的雄心勃勃的领导者，实际上威廉二世的能力有限，尚不足以带领德国人走向复兴之路。

由于长期的民族主义的熏陶，大部分德国人，不管是开明的还是保守的，在战争刚开始时都很支持战争。国家的领导者鲁莽地强加战争于他的人民，支持战争的信念还是如此广泛地在德国社会中存在，人们深信战争是为所有德国的好处而发动的。然而，当战争进行到后来，大部分人又转而支持议和，从而或许希望能够避免失去任何土地。这时候，德国政府并不想让自己在本国人民面前看上去是个失败者，同时也害怕会爆发支持自由化政策的革命，所以硬着头皮继续这场战争。战争的发展让开明者分成好几个派别，其中许多人反对任何形式的战争，从此在人民当中种下了矛盾对立的种子。更糟糕是，德国经济因为战争受到巨大影响。政府已没有足够的枪支和军火储备，因此必须要雇用化学家，如爱因斯坦的朋友弗里兹·哈伯，依靠他们的专业知识制造更多的装备、军火，同时也寻找由于战火变得稀缺的各种物资的替代品。物资匮乏已成了当时普遍存在的状况，主要原因是壮年男性大批参战造成的劳动力不足，这种匮乏在1916年导致了一场骚乱。

战争期间，爱因斯坦设法写信给居住在中立国瑞士的孩子们，告诉他们当战争结束，和平来临的时候会回去看他们。他试图增进与汉斯的感情，告诉他不要太担心学校的功课："不要太在意考试的分数。只要确定你自己的功课能够跟得上，没有必要再读一年同样的课程，实在没有必要在所有课程上都获得高分。”他还建议汉斯关于学习钢琴的事，让他多弹奏自己喜欢的曲子，即使老师没有布置也值得一试。他写道：“只有从你感兴趣的事中才能学到更多东西，在做自己喜欢的事时你甚至会为之废寝忘食，我就常常因为太专注于工作而忘了吃饭。”但他也表现出了父亲严格的一面，他指出汉斯在德文文法和拼写上的错误，对孩子回信中的错误拼写一点都不轻易放过，他说：“你的来信中还是有这么多书写错误，你必须小心不要再在这方面犯错误了，因为把单词拼写错了会给人很糟糕的印象。”最后他还告诫孩子们应该每天坚持刷牙。

1917年初，由于长期工作和家庭的压力，爱因斯坦患上了严重的肠胃病，短短的两个月时间体重减轻了56磅。这个肠胃病时好时坏折磨了他整整四年。爱尔莎很乐意照顾爱因斯坦。实际上，两人住得很近，爱因斯坦就住在爱尔莎所在的四层公寓的对面，两人交往非常方便，照顾起来并不麻烦。不过祸不单行，这年12月，他又因为腹膜溃疡再次卧病在床好几个月。病重时，他甚至虚弱得无法向各种物理学杂志提交论文，只能求同事到他家取他的论文，代为转交约稿单位。

在瑞士苏黎世，米列娃过得也并不顺心，她的健康状况在恶化。她变得更加忧郁，由于腿部的伤痛，经常卧床不起，成为医院的常客，所以有时照顾孩子们对她来说有点力不从心。幸运的是，爱因斯坦的朋友海因里希·赞格尔和米歇尔·贝索常常帮助照料两个孩子。他们认为米列娃身心的问题都是爱因斯坦对她不好造成的，不过爱因斯坦只承认他负部分责任。从家庭的好朋友处得知，当时米列娃还是希望两人能够和解，但爱因斯坦已完全把心思放在爱尔莎身上，拒绝了她的要求。他意识到若想让米列娃此时同意协议离婚不太可能，便把离婚的事搁置起来。爱因斯坦也曾设想把汉斯带到柏林自己身边，又担心米列娃的反对。他把自己一半多的工资都寄给米列娃和孩子们，还有年迈的罹患胃癌的母亲保利娜。他一度很担心钱能否够用，因为德国马克在战争中对瑞士货币大幅贬值。不过，虽然在德国许多人正忍饥挨饿，在城市里好一点的食品非常缺乏，爱因斯坦还是能够从南部农村的亲戚那里获得一些食品，而海因里希·赞格尔则从瑞士给他寄来十分紧缺的日常用品。这些对他来说弥足珍贵，因为他的肠胃病特别要注意坚持恰当地饮食。由于这些来自朋友和亲人的帮助，爱因斯坦的病情还算没有恶化，能够支撑着继续他的科学研究工作。

至1917年10月，爱因斯坦到柏林已三年半了，德国依然深陷于战争，德国威廉皇帝物理学研究院终于建成开张，爱因斯坦被任命为这个研究院的首任负责人。这个研究所的任务是促进德国的物理和天文学研究。就在赴任前几个月，爱因斯坦的病刚变得有所好转，能够离开病床参加一些专业会议，而且很快就能在柏林大学教授一些课程了。根据当初的协议，他并不必须去教课，一切全凭他的兴之所至。

1917年，德国开始向美国船只发起攻击，因为美国人向敌对的协约国运送大量的战备物资，美国从此也被拖入欧洲战事。协约国军队由于美国的参战如虎添翼，参战兵力增加到超过两百万人。到1918年，德国人对战争已越来越感到厌烦，因此对政府施加越来越大的压力，要求赶紧结束战争。当年，德国军队在东线对俄国取得一些胜利，但在西线遭受重大打击，很多德国军人已感觉到战争很快就要结束了。他们开始与交战的英法等国展开和平谈判，并最终达成一个停战协定。作为战胜国的英、法、美等国组成的协约国坚持要求，只有当德国承诺不再扩展壮大其武装力量，并放下武器撤回原来的国界的情况下，他们才能同意休战。战败的德国政府非常不情愿地接受了这些苛刻的条款，威廉二世皇帝在柏林被迫退位，第一次世界大战在1918年11月终于落下帷幕，留下的却是交战双方数以百万计的士兵阵亡，更多人留下了终生的伤残和心灵的创伤。

第一次世界大战造成的损失是可怕的。根据《纽约时报年鉴》统计，总共有超过800万士兵和600万平民死于这场残酷的战争，而且还造成其他相应的后果："战争打破了欧洲原来的国家体系，四个帝国崩溃，并分裂成几个小国家。"这四个帝国包括德意志帝国、俄国、奥特曼帝国和奥匈帝国。从这次世界大战的废墟中并没有赢来长久的和平，不久以后欧洲便兴起了野心勃勃的企图统治整个世界的纳粹德国和社会主义的俄国。自然界仿佛在谴责警告人类的自相残杀和对自然的破坏，战争的最后一个月，一场流感席卷了欧洲乃至整个世界，截至1919年，大约造成全球2000万到4000万人丧生。这场流行病是人类历史上最严重的一次疾病大流行之一，甚至比中世纪欧洲的瘟疫流行造成的死亡人数还要多。仅美国的死亡人数就达到六十七万五千人，欧洲则达到230万人。这种通过空气传染的疾病就像潜伏在人体内的敌人一样，疯狂攻击第一次世界大战交战双方的士兵和平民，甚至连未参战的国家也遭殃及。流感造成的士兵死亡将近总死亡人数的四分之一。以美国为例，死于流感所造成的肺炎的美军士兵比在战斗中阵亡的士兵人数还要多。由于流感发病的潜伏期只有几天，而且传播十分迅速，所以隔离染病者这一常用的流行病防治措施没起什么作用，而且那时候抗生素还未发明，人类对于这一疾病基本上处于束手待毙的无助状态。

幸运的是，爱因斯坦全家，包括那些因其他疾病身体虚弱的人，都在战争和流感的双重侵袭中幸免于难。不过，虽然战争已结束，其所造成的损失和伤痛需要时间慢慢修补和慰藉。欧洲国家工业基础遭受重创，特别是关系国计民生的工业已被毁于一旦，社会产品极端匮乏，人们生活比较艰苦。由于战争对农业的巨大影响，导致食品在战后的欧洲仍然匮乏，特别是作为战败国，许多德国人和奥地利人都处于饥饿之中。面对种种人道主义困境，人道主义和宗教团体，如基督教贵格会等慈善团体，整天奔忙在欧洲各国为饥民和孩子们提供救济。爱因斯坦和其他许多人一样，对高涨的儿童死亡率和大批饥民感到很悲哀，特别是在柏林亲眼看到这一切的时候，心情更是不能平静。他公开感谢美国和英国的贵格会为超过50万德国儿童提供食品所作出的努力，当时新成立的战胜国主导的国际联盟（简称“国联”，下同）也致力于这项工作。

战争结束了，爱因斯坦的乐观主义得到了很大鼓舞，他以为一个自由民主的社会很快就会出现在战后的德国。在当时的欧洲，民主社会主义者所倡导的社会平等的目标在当时欧洲的知识分子当中获得非常普遍的认同。爱因斯坦无疑也是他们中的一员，不遗余力地积极支持民主社会主义者的活动。虽然从今天的标准看，爱因斯坦并非社会主义分子，但毫无疑问，他的政治立场属于中间偏左，很像现在美国民主党自由派。他对物质上的成功并不特别在乎，对积聚钱财也没什么兴趣，而且公开反对资本主义唯利是图、贪得无厌的价值观，人们往往认为他是一个社会主义者。不过，并没有确切的证据表明他反对财产私有制或私人生意——他拥有自己的房子十多年，而且他家族里从事私人商业的大有人在，包括他父亲赫尔曼。然而可以确定的是，他赞成政府对公共服务、教育和公共卫生保健的更大投入，这在非社会主义的欧洲非常普遍。他同时也是一个言论、思想自由的竭力支持者。如果认定社会主义者的目标是正义的，他甚至不惜被看做是共产主义的同情者也要为这些社会主义分子说公道话。但无论如何，他从来没有也无意倡导建立由共产主义占统治地位的世界。

第一次世界大战接近尾声，爱因斯坦和米列娃的婚姻裂痕已发展到无可挽回了。在战争结束前那个夏天，他已同米列娃签署了离婚协议。根据协议内容，爱因斯坦必须在瑞士银行为米列娃存下一笔数量可观的钱，而且此后每个季度还应向她提供生活费。此外，如果他未来获得诺贝尔奖，奖金将归米列娃所有。米列娃可以自由支配存款的利息，但若要动用本金必须经过爱因斯坦的同意。孩子的监护权由米列娃行使，爱因斯坦可在学校放假的时候自由地到瑞士与孩子们在一起。1918年底，战争结束了，他们俩也正式开始离婚的法定程序。首先爱因斯坦必须给出一个理由解释为什么想结束这段婚姻，所以他正式地承认自己与爱尔莎的地下恋情，因此被法庭认定违法并课以罚款。第二步，法庭禁止他两年内在瑞士境内再婚。就在离婚程序即将终结前，爱因斯坦到苏黎世待了一个月，以客座教授身份在苏黎世大学作了一系列讲座，并和米列娃及孩子们一起度过这段日子。他们俩对于难免离婚的命运都已能够坦然面对，多年的恩怨也已释然。

爱因斯坦在苏黎世期间，柏林发生了一次动乱。一个由德国共产党组织的极左运动“斯巴达起义”在1月初发生了。斯巴达克斯主义者联盟——这是斯巴达克斯党的组织，其名字取意自古典时期最大的奴隶起义的典故——企图通过起义控制柏林。但这一企图很快被具有军队背景的德国社民党和右翼议会团体的联合力量强力镇压下去。议会派大体由第一次世界大战中大败而回的士兵们组成，他们希望重新回到军事化政府的发展道路，另外一部分加入议会派的人是为了寻求抵抗共产主义的影响。斯巴达联盟的领袖罗莎·卢森堡和卡尔·李卜克内西在起义之后被捕并很快与许多在起义中的被捕者一起被处死，他们的尸首于1月15日被丢弃到河里。

战争结束后第二年是爱因斯坦个人的一个分水岭：他和米列娃正式离婚并于同年迎娶爱尔莎。尽管爱因斯坦对婚姻尚心有余悸，但还是毅然与爱尔莎结婚，从此他们俩携手相伴直到17年后爱尔莎去世。同时，由于其广义相对论得到实验证实（见第七章），他成为举世闻名的国际名人。这时候，除了持续不断地致力于战后和解工作之外，爱因斯坦开始认识很多犹太人，并越来越找到自己的犹太身份认同。当时很多犹太人从备受歧视的东欧国家往西搬到德国和其他西欧国家，希望能在那过上更好的生活。但事与愿违，他们在德国的遭遇也好不到哪去，同样的偏见依然存在，甚至许多德国的犹太人也认为自己比这些东方犹太移民在文化和社会地位上更高一等。

通过与犹太复国主义活动家库尔特·布卢孟菲尔德的友谊，爱因斯坦开始对犹太复国主义产生了兴趣，开始支持在巴勒斯坦建立一个犹太国家的想法。爱因斯坦后来很感激布卢孟菲尔德，认为他“帮助我意识到自己的犹太灵魂”。在他到柏林之前，他的犹太意识从来没有在他的心中留有位置，因为他对族群差异的看法完全中立，而且之前他在不同的人群和不同的地方都能很快适应，不会有陌生的感觉。不过尽管他支持建立一个犹太人国家的想法，但从未参加过任何一个犹太复国主义者组织，他反对任何形式的民族主义，包括犹太复国主义所代表的犹太民族主义。他还是支持把以色列建成犹太人难民营，因为他相信聚居社区能传承延续犹太文化。1920年，他告诉一个德国犹太团体说：“我不是德国公民，我的信仰中也没有任何东西可以被描述为‘犹太信仰’的部分，然而我很高兴自己是犹太人，尽管我不认为犹太人是所谓的‘挑选出来的人’。”他认为，正是因为存在反犹太复国主义的人，犹太这个民族才得以保存下来；即换句话说，正是在与偏见作斗争的过程中，犹太人更加团结在一起，结成跨国的兄弟友谊；如果没有这些偏见，犹太人可能早就被所生活地域的其他强势民族同化了。他公开反对把犹太族群的民族主义仅限于在巴勒斯坦建立国家，他认为所有散居的犹太人，不管他居住在哪，都应该被承认；此外，他还认为如果犹太人不在世界舞台上作出成绩，留下影响和声音，那么世界将会否认犹太人的存在。他认为美国的犹太人比德国的犹太人更清楚地意识到这个事实，但一些德国的犹太人看起来似乎更不在乎是否保留自己的犹太身份。

这年的年初，与米列娃离婚前不久，爱因斯坦就搬到街对面的爱尔莎的公寓与之共同生活在一起。爱尔莎给他腾出一间房间专供他学习、研究和思考。稍后的2月，在情人节那天，他和米列娃正式离婚，随后，他和爱尔莎在1919年6月登记结婚。瑞士法庭在离婚判决书中所必需的两年不许结婚期限仅限于瑞士境内，在德国可以不必执行。这时，爱尔莎的两个女儿，艾尔丝年方二十二岁，小女儿玛戈特二十岁，都与爱因斯坦夫妇在一起生活。爱尔莎的母亲芬妮，亦即是爱因斯坦的婶婶，和芬妮的兄弟雅各布也都住在柏林。爱因斯坦的世交、物理学家、和平主义活动家乔治·尼古拉后来透露，就在爱因斯坦与爱尔莎结婚一年之前，年轻漂亮的艾尔丝曾暗中告诉他说，爱因斯坦在她母亲知情的情况下提出想和她结婚，但艾尔丝拒绝了，跟他说她对他的感情更像是父女的情感而不是配偶间关系。遭到年轻女士的拒绝后，爱因斯坦看上去跟爱尔莎结婚也感到非常满意，艾尔丝则成为他的秘书。

就在他和爱尔莎的6月2日婚礼前四天，再次发生了一次日食现象。为了观测这次日食，一个由英格兰最有名的爱因斯坦广义相对论研究专家、剑桥天文台的主任亚瑟·爱丁顿爵士率领的英国科学观测队动身前往非洲西海岸的普林西比岛的最佳观测地。他的任务是测量太阳引力作用下星光的弯曲现象。爱因斯坦对这次观测很有信心，认为最终的结果必将证明广义相对论的正确。

七
通向广义相对论之路

仔细研究过日食观测所摄的照片之后，我可以确定地说，这一观测结果毫无疑问印证了爱因斯坦的预言。就此可以得出明确的结论，即正如爱因斯坦引力理论所说的那样，光在引力的作用下发生了偏斜。

——在爱丁顿爵士1919年5月观测日食之旅后，英国皇家天文学会科学家弗兰克·戴森爵士证实爱因斯坦广义相对论的正确性

20世纪初《物理学纪事》，是世界上最负盛名的物理学学术刊物，几乎所有懂德语的科学家都很重视它。就是这份刊物发表了爱因斯坦1905年的一系列重要论文。如果这些论文发表时能引起一些争议那倒合了爱因斯坦的心意，他妹妹玛雅在为其兄长写的一篇小传中透露，爱因斯坦当时很希望这些论文能引起“尖锐的反对声音和严厉的批评”。但是令他大失所望的是，论文发表后就如泥牛入海无声无息，玛雅描述当时学术界的反应仅仅是“冰冷的静默”。不过这些静默没有持续多久，很快有人就此作出反应。德国著名物理学家麦克斯·普朗克给爱因斯坦写信，请求他解释一下论文中一些表述不那么清楚的地方。爱因斯坦很快回信作了解释。除了爱因斯坦本人，普朗克成为世界上第一个写论文探讨相对论的物理学家。这种尴尬局面很快有了突破，爱因斯坦在苏黎世联邦技术大学的教授赫尔曼·明可夫斯基也对他的狭义相对论产生了兴趣。明可夫斯基是一个数学家，他创造了一些物理学家常用的术语，如锥形光束，世界线（基本粒子在时空中保持同一性的时间和位置的运行通路）等。不过他更重要的成就是使学界开始注意爱因斯坦的狭义相对论。

狭义相对论中用到两个参照系，其中一个相对于另一个做直线匀速运动。爱因斯坦原以为大部分的物理现象都能够适用于他的狭义相对论。但是，物理学家们，包括爱因斯坦自己，很快意识到这个理论在一种情况下解释物理现象将产生问题，即在引力作用场中。人们追问：如果其中一个参照系相对于另一个做加速运动的话将会产生什么结果？这个追问也许是促使爱因斯坦把引力因素引入到相对论理论中的关键所在。

在狭义相对论发表之前，物理学界就对研究加速运动现象颇为头疼。在一个做加速运动的参照系里将会发生奇怪的“假想力”现象。假设你在一辆车上以逆时针方向以相当快的速度驾驶，如果速度快到一定程度你将被推往车外，即被推往驾驶室右边。你感到有一种力量把你从绕着旋转的圆心向外推，这就是所谓的离心力（Centrifugal，该词来源于两个拉丁语单词，意为“从中心飞出”），但这个力其实并非真实存在。快速做圆周运动的车所产生的离心力使车倾向于与该车当时运动方向垂直的方向运动，但车的惯性却促使它向前做直线运动。在这两种力的相互作用下，车最终得以继续沿着原来的方向做圆周运动，离心力即为这两种力相互抵消相互作用的合力，并不是一种真实存在的力。

要在相对论中把加速运动的因素考虑进去，爱因斯坦需要更多的灵感来解开这个迷局。1907年的某一天，正在苦思引力加速运动问题的他突然之间获得所需的灵感，他后来把这次的灵光一现称为“一生中最幸福的时刻”。当时他受邀写一篇概括狭义相对论研究进展情况的文章。这次约稿不是来自《物理学纪事》杂志，而是来自德国著名的物理学家约翰尼斯·斯塔克，他当时是《辐射学年鉴》的编辑。爱因斯坦对此相当重视，花了很多时间和精力准备这篇文章，希望在文中把引力现象也概括到相对论理论中。他后来回忆道，他当时正“坐在伯尔尼专利局的办公桌前的椅子上”，那个幸福的灵感突然从脑中蹦出：如果一个人从屋顶摔下来，他感觉不到自己的体重。这正是他所需要的思路的突破！这个想法后来被称为“等效原理”，即把一个参照系置于引力作用下，与其静止状态时加上相应的加速度效果是一样的。有了这个等效原理，就可以将相对性原理扩展到非惯性系统中。爱因斯坦把这个发现写入斯塔克约稿的理论回顾文章中。

其实类似的想法早已有之。16世纪时有一个著名的实验，现在的人们将之视为一段传奇。当时意大利科学家伽利略从著名的比萨斜塔上做了铁球自由落体实验，其结果是质量不同的两个小球同时落地。这个实验的影响是深远的，它揭示了引力与物体的质量成比例。而根据艾萨克·牛顿的理论，造成物体做加速运动的非引力与该物体惯性质量相关。伽利略的实验显示这两种现象是等效的，虽然他没有具体解释为什么会这样。爱因斯坦的理论就是在这些认识上进行进一步探索得出。他在有关等效原理的论述中认为，惯性质量和引力质量之间是等级的。多年以后，在1964年，美国密苏里州物理学家罗伯特·迪克利用高科技设备重新演示伽利略的自由落体实验，他把三件体积相等物体，其中两个由轻质的铝金属制成，另外一个则由密度大得多的黄金制成，都置于一个高灵敏度的扭秤（利用扭力测量微力的一种仪器）通过飞船送到太空中。在太空中，宇宙飞船的飞行与地球引力相互抵消，达到一种没有引力的理想情况，然后扭秤朝向太阳落下。如果引力和惯性质量不一样，则铝制物体和黄金制物体落向太阳时，其速度将有细微不同，用扭秤可以轻而易举测量出来。在实验中迪克没有发现有实质意义的速度差异，爱因斯坦的理论再次安然通过了苛刻的高精度的实验检验。迪克是一个兴趣广泛的物理学家，他所申请的专利涉及从衣服染料到辐射器具等广泛的领域，他因为设计这个精妙的实验和其他贡献而应该在相对论发展史上特别提及。当许多物理学家为爱因斯坦优雅、简洁而漂亮的著名等式而折服时，迪克发出了他很有深度的质疑：为什么自然就应该是优雅、简洁或漂亮呢？他开始着手构建一套与爱因斯坦相对论相反的理论，这一理论也将置于所有检验过爱因斯坦理论的各种实验中接受检验，因为如果实践检验他的理论错误，则即可反证爱因斯坦理论的正确，他还为此设计出一系列非常聪明而精细的实验。正是由于迪克的不懈努力，相对论理论才更加成为一个为实验所证实的理论，从而成为物理学中最精确的理论之一。

有了等效原理这一理论工具，爱因斯坦的相对论研究取得了很大进展。这篇题为《相对论原理及其推论》的文章于1907年12月4日寄达斯塔特手中，它为爱因斯坦从狭义相对论走向广义相对论迈出了非常关键的一步。所谓等效原理，举例而言，指的是在一个封闭空间中的人无法判断他是否处在引力作用之下，还是在引力之外由非引力的某种力量推动下做加速运动，即引力作用下物体的运动与其他力作用于同样质量物体做加速运动的效果是相等的。这种情况使得爱因斯坦能够用数学来表述他的想法而不必担心复杂的引力分析。他现在所要做的就是用数学方法来描述一个做匀加速运动的参照系，然后根据等效原理，所得的结果就是引力作用下的结果。

爱因斯坦把问题继续追问下去，即当两个钟表相对做变速运动时，它们的走时会有什么不同？当确认两个钟表将发生走时差异时，他把方程进行反推，把加速度代之以引力，则可推理出光线在引力场的作用下会变得更红，这一现象即为引力作用之下的红外位移现象，是广义相对论接受实验检验的主要对象。更进一步，他探讨麦克斯韦的电磁方程，这一方程描述了光的性质。爱因斯坦弄清了一个做加速运动的参照系的内涵，并得出结论认为引力场将使光线的运行路线发生弯曲。光线的偏斜也是实验验证广义相对论的主要对象。1907年的圣诞节前夜，爱因斯坦在寄出这篇文章后不久又想到了另外一个挑战性题目。他给好朋友康拉德·哈比希特的信中说，他试图揭示水星近日点变动的原因。此后的四年，爱因斯坦在这方面的研究陷入僵局，在广义相对论上没有取得什么显著的进展。

当威廉·维恩在《物理学纪事》当编辑的时候，刊登了爱因斯坦1911年在布拉格写成的重要论文《万有引力对光的传播的影响》。早在1907年，爱因斯坦便开始尝试将牛顿的万有引力整合到他的狭义相对论中。1911年的论文意味着他超越这个目标并更深入地迈进了一步，开始利用等效原理为基础，构建一个新的引力理论。不过当他决定这么做时也预见到了将会遇到一些问题。他给同事雅各布·劳尔勃的信中提及此事时说："用相对论的观点来处理万有引力产生许多大麻烦。"他开始怀疑支撑狭义相对论的基石之一——即光的速度是恒定的——这个假设只有在引力也不变的情况下才成立。1911年的论文与1907年的论文所涉及的问题基本上一样，爱因斯坦再次声称引力作用下将发生红外位移现象并预言通过太阳附近的光线将发生细微的偏斜，大约偏斜0.08弧秒。爱因斯坦写道，"非常迫切需要天文学家对本文所述问题予以充分注意，必要的关注目前基本上还没有或远远不够"。他当时尚不知道，几年以后，当所倡导的实验一旦证实这个猜想，将给他带来世界性的声誉。

广义相对论的开创性研究是一项艰苦的进程。1912年，爱因斯坦给物理学家阿诺德·索梅菲尔德的信中提到，"这是我有生以来最艰苦的工作，还没有比这更苦的"；而在另一封写给米歇尔·贝索的信中大吐苦水说"研究工作每进展一步都异常艰苦"。不久，当爱因斯坦最终弄清楚，产生困难的原因在于自己用了错误的数学方法构建这个理论，他马上改变策略，许多困难因此迎刃而解。刚开始时他很自然地用中学时就学过的欧几里得几何作为工具，这一几何分支一般只能解决平面物体的问题如直线、平行线永不相交等，也称为欧式几何或平面几何。用这种数学工具显然无法解决纷繁复杂的万有引力问题。

在欧式几何中，两点之间直线距离是最短距离。你打开地图，在伦敦和纽约之间画一条直线，那么这条直线将大部分经过大西洋的湛蓝的海水。现在，你再拿出一个地球仪，在上述两地间的球面上拉一条能伸缩的线。因为地球是个球体，这两点之间最短的线不是直线，而是一段与球形的一部分相对应的曲线，航空公司对此应该非常清楚。英国航空公司的飞机从伦敦起飞，途经爱尔兰最南角，并经过格陵兰岛的一角，飞过加拿大新斯科舍省和美国波士顿，最后降落在纽约昆斯区的约翰·肯尼迪机场。航空公司使用这条航线就是因为这一线路是最短路程，因而也是最快和最便宜的选择。物理学也知道光线的传播也是遵循最短路线的原则，就如飞机一样，一个光子在曲面上的传播路线与在平面上的传播路线是不同的。曲面的形状通常由所谓的“度规”（metric）决定，概括地说，度规显示了球面上两点间的距离。球面上两个分开的点之间的最短距离称为“最短程线”（geodesic）。在平面上，最短程线即为直线，而在球体上，最短程线是大圆弧。爱因斯坦需要补习一些数学技巧来处理最短程线和度规的问题，以此来进行非平面几何上的研究。

在学生时代，爱因斯坦有一个特别要好的朋友，即后来成为著名数学家的马赛尔·格罗斯曼。格罗斯曼的专业就是研究几何学，他在博士论文中证明了一些非平面的一些性质。爱因斯坦从布拉格回到苏黎世，恳求格罗斯曼说：“你千万要帮帮我，不然我就要疯了。”很快，在格罗斯曼的努力相助下，爱因斯坦找到了解决问题的数学方法：黎曼几何。爱因斯坦对此十分感激，他给索梅菲尔德写信说道：“我开始对数学产生了极大的敬畏，以我的驽钝，若能从中领会到它的精妙之处，对我都近乎是一种奢侈的赏赐。”爱因斯坦和格罗斯曼在广义相对论研究中同心协力，还共同发表论文把黎曼几何这个工具介绍到物理学研究中。1913年，他们俩合作将麦克斯韦电磁方程在曲面上进行重新推导。一年以后，爱因斯坦发现了一个方程可以把曲面上最短路线，即最短程线，与曲面的曲率联系起来。如果知道一个曲面的曲率是多少，那么最短程线将决定曲面的轨道，假设该曲面有行星绕着旋转的话。

1915年，爱因斯坦的论文《论广义相对论》发表在享有崇高威望的

《普鲁士科学院学报》。这篇论文是他的得意之作，因为在文中所述的是在数学上很和谐的引力理论，他称之“是一生最有价值的发现”。他还说：“这个理论的魔力将会给真正理解它的任何人留下深刻的印象。”在这一理论中拥有至高无上的荣耀的精华是一个方程式，它可以在质量或辐射给定的情况下得出空间的曲率。方程式的左边上的项代表空间的曲率，右边的项则是应力张量，用以模拟物质的作用。爱因斯坦从中得出结论说：“物质决定了空间如何弯曲，空间则决定物质如何运动。”这篇论文也提出，通过反向推导的办法可以得出光线在引力场将偏斜的结论，这是爱因斯坦在1911年后第二次提出同样的预言。他还表明，引力场导致的光线偏移现象可以非常完美地解释水星近日点轨道的不寻常变动。

据自1859年以来的跟踪影观测，天文学家发现水星的运行轨道表现得十分诡异。根据布雷赫—开普勒行星轨道运行定律以及牛顿运动定律所说，单一独立的行星围绕太阳旋转的时候其轨道应该是标准的椭圆。但人们对水星实际观测数据却与定律所预言的结果不那么符合。椭圆应该是有一条主轴，恒定地指向一个固定不变的方向。但天文学家看到，一年中水星所走过的轨迹却并非标准的椭圆，他们还特别注意到，在水星轨道最靠近太阳的点，即所谓的近日点，它是变动的，这就有点像连点成像，到了最后一个点却怎么也连贯不下去了。这个近日点变动的现象，根据爱尔文·弗里德里希1913年的论文中所述，其幅度大小也就大约43弧秒，但这一结果足以让天文学家担惊受怕，如果真是如此，那么一个反例即可颠覆整个现代天文学的基础性理论——即上述的几大行星运动定律。1915年后，天文学家便不必再杞人忧天，爱因斯坦的广义相对论完美地揭示了这一现象的原因——不是因为行星运动定律出问题，而是我们所看到的星光被太阳引力所吸引而发生了偏斜。

爱因斯坦为他的新理论写了一篇摘要，题为《广义相对论的基础》，于1916年发表在《物理学纪事》上。这是一篇对广义相对论最终版本进行综合描述和概括的文章，自此广义相对论终于横空出世了。这一理论的预言可以通过实验进行验证，它能够解释天文学中长期悬而未决的问题——即它可以解释微引力场和慢速运动的物体——大大简化了牛顿万有引力理论。同年，爱因斯坦又发表了一篇关于引力问题的论文，刊登在《普鲁士科学院学报》上。在该文中，他预言引力波可能存在，进一步完善了广义相对论。

曲率和引力不仅存在于相对论中，也存在于简单的物理实验中。仔细观察一滴水将要从水龙头滴下时的形状，将会发现水滴通常像珍珠一样呈球形。在这个现象中，有两种力涉及其中相互作用。地球引力的作用使得水滴的质量重心越来越低，所以这个力便试图把水滴扩展开来，减少引力的势能。水滴里面满含水，而水有个特性，具有特有的表面张力。当引力迫使水滴扩展散开的时候，水滴的表面积增加了。因为表面张力是在表面积越大的情况下张力越大，球形的水滴因此在这两个力之间达成了微妙的平衡。18世纪，两位科学家，法国人皮埃尔一西蒙·德拉普莱斯和英国人托马斯·杨，阐明表面张力与水滴表面的曲率有关系。所以，正如广义相对论所揭示的那样，水滴的形成也是引力与曲率达成平衡的结果。

另外一个有关广义相对论的简单例子，把一个篮球扔向一个蹦床，让篮球的重量使蹦床表面产生凹陷变形。当篮球陷入蹦床足够深时，蹦床表面会向上恢复，把篮球向上顶起，如此反复。当篮球陷于蹦床中时，如果你此时扔一个小得多的弹球到蹦床上，它会在蹦床的曲面被篮球压出的曲面上滚动起来。弹球在这种情况下其实是绕着陷在蹦床中的篮球运行，就像地球绕着太阳运行。在这个例子里，篮球决定蹦床如何变形弯曲，（在相对论中即“物质决定空间的弯曲”），而蹦床则决定弹球如何运动（“空间决定物体如何运动”）。如果用的是更重的保龄球，则其所造成的蹦床的凹陷更加陡峭明显，弹球放进去时所做的旋转运动的半径更小。同样的道理，应用到宇宙中的星体上，将会产生更大的时空的弯曲变形。

1916年，一名德国物理学家卡尔·施瓦西走出将爱因斯坦的理论运用到天体物理学的关键一步。他假设道，如果拥有一团孤立的物质——如可能是星体，将会发生何种结果？因为该物质是孤立的，附近没有其他物质或质量，所以应力张量应该是零。他因此猜想，物体并不会随着时间而改变，没有优先的或者说绝对的方向。施瓦西从这一假设中推导出在星体附近的时空中的度规，即以发现者命名的施瓦西度规。它具有奇怪的特性：在达到一定半径时，时空弯曲变得无穷大，变得不像是走下缓坡，而是突然从悬崖边上掉下去似的——一旦你走得太远了，将找不到回来的路。这一特定的界限被称为施瓦西半径，这一半径便是黑洞的半径。任何东西进入黑洞的施瓦西半径将无可逃遁地被黑洞所吞噬。施瓦西是第一个提出“黑洞”概念的物理学家。

从爱因斯坦光量子的研究中可以知道，能量和质量是可以相互转换的。几年以后，另外一位物理学家罗伊·科尔在实验室中获得一块与外界隔绝的、静止而均匀的空间区域，其中并无质量，只有辐射。他试图通过这一空间探究能量与质量的相互转换。他获得一个旋转的、能发射辐射的球形空间，即科尔—施瓦西模型，这一工作使得数学家能够计算出黑洞的运行，也帮助天文学家描述中子星。通过计算，科学家们获知中子星星体密度非常大，质量压缩得十分紧密，其姐妹星体脉冲星则快速绕着中子星旋转。

物理学家有时往往能得到一些十分简洁的发现。我们知道，在人们所熟知的这部分宇宙有着行星、星际尘埃、恒星和一些星系。为了让研究显得简单，物理学家忽略了这些细微之处，而把宇宙当做一个由粒子和辐射组成的平滑均匀的气体弥漫的宇宙。研究者可以比较直接地计算出气态宇宙应力张量是多少。一旦应力张量已知，则相应的空间曲率也能很快计算出来。所得出的结果取决于另外一些简单的假设。当进行这个课题的研究的时候，爱因斯坦也觉得这些想法对一般人来说实在太深奥，他“担心自己会被送到疯人院”。

爱因斯坦花了很大力气寻找一种简捷而优美的解决办法。他坚信宇宙是静态的，因此除了时间变化，其他一切都是不变的。这一假设至少现在还是正常的，直至目前还没有找到证实宇宙非静态的实验性证据。但是当研究进行到这一步，爱因斯坦遇上了麻烦，无论他付出多大的努力，该项研究始终没有明显进展。一直到1917年，他终于找到了解决之道。从先前得出的关于能量与质量相互转换的方程式中，他发现可以在其中添加一个新的项，即现在众所周知的宇宙常数。他把这个新进展总结在题为《广义相对论的宇宙学应用》的一篇论文中。在文中他提出如果没有宇宙常数，宇宙是静态的这个假设就不成立，引力会导致宇宙走向崩溃。宇宙常数抵消了引力，就像牛顿运动力学中的反作用力似的。此后的几十年里，天体物理学家一直错误地认为宇宙常数必须等于零，爱因斯坦自己也认为宇宙常数是他“一生最大的错误”。然而，现在对宇宙最合理的描述中可以得知，我们所处的宇宙中，宇宙常数并非为零。也许爱因斯坦一生最大的错误不在于创造宇宙常数，而在于后来居然否定了宇宙常数，认为其为“一生最大错误”！

爱因斯坦发表1917年的论文后不久，伟大的荷兰天文学家威廉·德西特找出了爱因斯坦方程的另外一种解法。这事可非同寻常，因为不但使德西特本人的宇宙认识得以改进，而且德西特还把这一结果告知英国皇家学会。英国皇家学会也是世界上顶尖科学家们常常聚会的地方，正是通过德西特的信，英国为首的英语国家才开始对广义相对论渐渐了解。英国皇家学会的秘书亚瑟·爱丁顿是一个很有才华的天文学家、理论物理学家和天文观测专家，他后来成为广义相对论在英国最得力的支持和宣传者。他知道广义相对论最终必须通过实验验证，他认为最好的实验验证莫过于观测星光在通过大质量天体时是否会产生偏斜现象。爱因斯坦和弗里德里希也几乎在爱丁顿提出想法的同时各自形成类似的想法。当时，许多实验学家已开始着手试图测定引力作用下的红移现象，不过这些尝试却因技术上的难度或结果经不起推敲而大都陷入困境。而对于爱丁顿的验证方法技术上简单得多，只需要观测一个遥远的星体的光线通过太阳附近时光线运行路线有无偏斜即可。关键在于必须先把太阳挡住，使星光不至于淹没在明亮的阳光中。这就意味着日全食的时候将是进行爱丁顿设想的观测的最佳时机。1919年5月29日在西非就有这样一个绝好的机会，而且恰巧太阳正处于毕宿星团中，是离地球最近的星团，而且星团中有好几颗明亮的星星，在日食时都可以成为观测对象。

爱因斯坦已知道这次天文观测的重要性，此前弗里德里希于1914年在克里米亚半岛曾试图在那里的日食中拍下一些照片，但因为第一次世界大战的爆发而归于失败。弗里德里希的观测队被敌对的俄国军队当做德军间

谍被关押起来。一年以后，即1915年12月，爱因斯坦与同事奥托·诺曼关于广义相对论的通信中写道："这个结果（光线的偏斜）是所有现象中最有趣最令人惊奇的。"几个星期之内，爱因斯坦给施瓦西写的信中说："（观测）光线偏斜的问题现在具有最高的重要性。"

对1919年日食的观测远比1914年在克里米亚半岛的那次更加成果斐然。英国皇家格林威治天文台，即本初子午线通过的地方，向最佳观测点巴西东北部的索布拉派去专家组，专门观测这次日食。格林威治观测队随队携带天文台的13英寸的大望远镜，同时还从皇家爱尔兰科学院借用了一台4英寸的望远镜以作备用。爱丁顿则带领另一队人马奔赴西非小岛普林西比，携带从牛津天文台借来的望远镜。在日食期间，观测队拍了很多的日食照片，然后两队都必须在原地等到毕宿星团在当天夜空中可见为止，他们可以比较夜空中的毕宿星团与日食时的照片，看星团中星体的位置是否有明显的不同。

9月12日，一个名为"英国科学进步协会"的组织召开了一次会议，来自全世界各地的参加者众多。亚瑟·爱丁顿成为该会关注的焦点，他在会上宣布他西非日食观测之行的结果：光线的偏斜在0.83弧秒与1.7弧秒，与爱因斯坦在1911年和1915年的预测相符合。后来，英国皇家学会与皇家天文学会共同召开正式会议，到巴西的观测队也公布了观测结果，他们用格林威治天文台13英寸的望远镜测定的光线偏斜大约在1.52弧秒，而用爱尔兰天文台的 4 英寸望远镜测得1.98弧秒的偏斜。因为格林威治天文台的望远镜在观测时曾发生一些问题，因此爱尔兰天文台那架望远镜所测的1.98弧秒更真实精确些。到普林西比的观测队在另外一篇报告中报告了1.6弧秒的偏斜，这一结果也属于可以接受的范围。这些观测结果不仅是爱因斯坦的胜利，也是英国天文学界的荣光，但是爱因斯坦对此的反应相当平静。这里也有件趣事，有人告知爱因斯坦，他在广义相对论中的预言被证实，他回答说："我知道这个理论肯定是正确的，难道你对此有怀疑吗？"当他被问及如果天文台观测结果与他理论预言不符他将会怎么做时，他回答说："可能会为我们亲爱的上帝感到遗憾，但是理论还是一如既往地正确。"倒是麦克斯·普朗克对此结果的期待看起来比爱因斯坦还要紧张。爱因斯坦得知普朗克为此夙夜未眠焦急等待公布结果的新闻，他做了个鬼脸，开玩笑地说，如果普朗克“真的理解广义相对论，他应该跟我一样放心上床睡个好觉”。

爱丁顿和爱因斯坦不久开始写介绍广义相对论的书。爱丁顿的《空间、时间和引力》出版于1920年，三年后又出版了《相对论的数学原理》一书。爱因斯坦则写了《相对论的意义》，其英译本于1922年出版。这三本书成为国际图书销售的畅销书，爱因斯坦1922年写的书现在还在不断再版。爱因斯坦逝世前不久重新审定了《相对论的意义》第5版，当地的报纸对此作了报道，并重提普朗克的不眠之夜，冠以大标题《新理论让人们夙夜未眠》。

多年以后，普林斯顿大学的物理学家鲍伯·迪克对日食实验观测的结果进行质疑。他考虑到，如果太阳并非先前所认为的正圆形，而是稍微有点扁，则可能要对先前的观测结果进行修正。作为一名经验丰富的实验大师，迪克着手准备一个实验来检验太阳是否是正圆，如果非正圆，那么其偏率对光线偏斜实验的结果有什么影响。实验的结果是没有观测到偏率，迪克的实验进一步证实光线偏移测得的结果的准确性，让爱因斯坦的理论更加牢不可破。

今天，我们已有了光线在引力场下发生弯曲的更好的证明。天文学家已知道在宇宙空间中存在着“黑洞”、中子星和脉冲星，这些天体的引力远比太阳要强大得多，太阳与之相比实在微不足道。通过这些天体的光线，远非仅仅发生稍微偏斜、弯曲而已，其幅度要大得多，乃至于形成一个引力透镜，对光的弯曲就像光通过透镜时的偏斜度一样大，直至将光线完全吞噬，形成了连光线都无法逃逸的黑洞。因此，可以设想，有一块引力透镜在我们与遥远的星系之间，由于光线偏斜得太厉害，甚至能看到星系的多重幻象。天文学家已发现了很多这样的例子，也更进一步证实爱因斯坦的理论，有助于人们寻找宇宙中的黑洞。

1916年后，天文学家和数学家加入了为爱因斯坦的质量—能量转换方程解法的探索中。英国数学家爱德华·亚瑟·米尔恩试图找到简化方程式

的方法。另外一位俄国物理学家亚历山大·弗里德曼也投入类似的研究中。他发现可能存在一个随着时间增长而不断膨胀的宇宙。爱因斯坦并不喜欢这个想法，并尝试说服弗里德曼他用于求解的数学方法可能错了，但弗里德曼依然坚持己见。不久以后，天主教牧师、天文学家、比利时顶级桥牌大师乔治斯·勒梅特赫也得出与弗里德曼一样的结论。他考虑到宇宙如果正处于膨胀中，它过去的形态肯定比现在小，而且必定有一个宇宙产生的时间点，即当宇宙的半径为零时。他将宇宙的初始状态称为“奇点”。弗里德曼和勒梅特赫的工作为数学家霍华德·罗伯逊和亚瑟·沃克更正式的数学解法奠定了基础。他们将其方法概括在一个称为FLRW度规的模型中，这是均匀匀质宇宙中最普遍存在的形态。他们运用了宇宙学原理——即我们的地球、太阳系以及银河系在宇宙中并无特殊之处。这一原理起源于16世纪一个波兰教士尼古拉斯·哥白尼的著作中第一次质疑地球并非太阳系中心的观点。哥白尼理论的扩展——我们在宇宙中并不处于特殊的时间和空间——成为确定哪种宇宙模型才是合乎道理的一条有力的原理。

不久以后，其他宇宙的理论模型也纷纷提出。比如，普林斯顿高级研究所数理逻辑教授库尔特·哥德尔提出一个出色的模型，认为如果宇宙是均匀静态的并且处于旋转当中，则爱因斯坦的质量—能量转换方程便能获得解答——他的观点获得爱因斯坦本人的赞许。哥德尔模型揭示了一种异乎寻常的结果：它显示了时间旅行的可能性！物理学家不喜欢这样的想法，因为这听起来就像是科幻小说，并且违背了人们所珍爱的因果关系准则——即一件事必然发生是因为有某些相关联的其他事使之发生。剑桥大学数学家、天体物理学家史蒂芬·霍金提出“时序保护猜想”，排除了所有可能存在时间旅行的宇宙，认为物理规律不允许出现逆时运动或闭合类时曲线。

除此之外，依然存在其他基于静态宇宙的解决方法的可能。1948年，一群剑桥出身的天文学家提出所谓的“稳定状态模型”。这一模型中的宇宙依然是静态而均匀的，但是会不断加入新的物质。这种假说有助于避免推导出宇宙诞生时必须压缩于一个非常紧密时空中的结论。这一宇宙模型的创始人之一弗雷德·霍伊尔并不是特别喜欢弗里德曼、勒梅特赫和其他人的宇宙模型，开玩笑地把他们的模型称为“宇宙大爆炸”模型，后来这一名称沿用至今。

那么，宇宙是否真的处于膨胀中呢？马萨诸塞州罗尼尔天文台的韦斯托·斯里弗尔利用多普勒效应望远镜发现了许多螺旋形的银河系正在离我们远去。爱丁顿已揭示了德西特宇宙模型的特征，即如果其中包含物质，则意味着这些物质将会膨胀。在20世纪20年代末30年代初，埃德温·哈勃利用加利福尼亚威尔逊山天文台的天文望远镜观测宇宙中的星系，观测到越远的星系比近的显得更红，这一结果表明宇宙确实处于膨胀之中。哈勃阐述道，如果一个星系比另外一个星系离地球远两倍，其离地球而去的速度也将是另外一个的两倍，这一发现后来被称为“哈勃定律”。多年以后，大爆炸理论的支持者们声称哈勃的发现支持了爆炸论的合理性，但宇宙稳定状态论的支持者则质疑哈勃的数据将导致一个问题。哈勃的数字指向的宇宙是一个仅有18亿年的新生宇宙，然而用放射性碳元素法测定地球上的岩石可知，地球的存在时间至少有20亿年。当然，多年以后人类的观测方法将有很大的进步，而且不同的技术也将运用于天文学观测中，但是在20世纪60年代时，大爆炸模型是唯一可行的理论，能够比较合理地解释宇宙的起源和现状。

另外一个广义相对论的完美证明应该在此特别提及。勒梅特赫最初曾提出宇宙就像一个“原始的粒子”，但如果宇宙诞生的时候只有辐射的话，会发生什么结果？鲍伯·迪克，即此前曾做实验检验过爱因斯坦的等效原理的物理学家，他确信一些宇宙诞生时残留的辐射肯定还留在宇宙的某个地方没被发现。他与自己的研究生吉姆·皮布尔斯和戴维·威尔金森一起寻找这些辐射残余。有一天，就如故事中常有的情节那样“踏破铁鞋无觅处，得来全不费工夫”，迪克在普林斯顿实验室的电话响起，两位在贝尔实验室工作的科学家阿诺·阿兰·彭泽斯和罗伯特·威尔逊向迪克请教，他们制造的射电望远镜发现了一些问题：当他们利用望远镜试图观测宇宙中几厘米波长的信号时总是会监测到非常嘈杂的背景噪声。他们原先以为这些噪声可能是望远镜上落上了鸽子屎，便把设备重新清理了一遍，但这种噪声依然存在。迪克能帮助他们吗？迪克闻讯捂上听筒对吉姆·皮

布尔斯和戴维·威尔金森说："嘿，有人抢在我们前面了。"迪克随即向彭泽斯和威尔逊解释说这个噪声可能意味着他们已发现了大爆炸残留下的辐射。此后不久，彭泽斯和威尔逊合写了一篇论文介绍了他们的发现，并发表在名望很高的《天文学杂志》上。迪克和他的研究生皮布尔斯的论文随后也发表在同一刊物上，题为《宇宙黑体辐射》。他们俩用爱因斯坦广义相对论来说明大爆炸的辐射会慢慢冷却，达到开氏温标3度的绝对温度。从普朗克辐射定律得知，绝对温度为3度的辐射其辐射波长在几个厘米之间，这就是为什么彭泽斯和威尔逊能获得背景噪声信号，因为大爆炸的初始辐射的波长慢慢变化，到后来成为与宇宙微波背景的波长相当。彭泽斯和威尔逊因为这一发现获得1978年的诺贝尔物理学奖，不过迪克没能共享这项荣誉。

除此之外，还有一个关于广义相对论的预言值得一提。回想一下水龙头的水滴和蹦床中的篮球的实验。如果你打开水龙头，或把篮球放到蹦床上，地球引力和表面张力之间的微妙平衡就被打破了。如果把篮球往下压，然后松手：蹦床的表面一般会上上下下地抖动，就像波浪的运动一样。水滴实验中，如果打开龙头开关，将会在水面上形成一些小水滴和一些波纹。相对论方程式也与此类似。时空的曲率取决于物体的应力张量。如果物体发生损坏，应力张量也发生变化，那么相对的时空曲率也随之改变。爱因斯坦在一篇1918年的论文中预言引力波是可能存在的：如果同样这些难以预测的事发生在一颗星体，星体质量发生重大变化，也将导致时空的波动。对一颗主要由气体组成的一般恒星来说，一定气体的温度会产生一定的压力，防止恒星在自身引力作用下坍塌。当该恒星进入老年期，它会燃尽用于保持这种温度所需的燃料，如果燃料真的用尽，这时便没有压力可以抵消自身引力，它便发生了坍塌，向内破裂了——这种情况下，坍塌会一直塌陷至离恒星中心一定距离的地方，造成此处的压力相对较大。在这个点上，从外部向内塌陷的物质被以一种巨大的能量向外反弹，以惊人的速度向外部太空扩展，这就是所谓的超新星爆炸。天文学家经常能观测到这种超新星爆炸，它们爆炸时通常会产生大量的X射线。超新星也是观测引力波的好例子。科学家们正在建造许多引力波探测器，如果真的能够捕捉到引力波，那将是广义相对论正确性的很好证明。

1974年，美国人乔·泰勒和卢瑟尔·豪斯发现一对奇怪的双子星。其中一个是脉冲星，标号为PSR1913+16，它在围绕一个看不见的伙伴天体旋转时发射出强大的脉冲辐射。天文学家认为这个看不见的天体极有可能是一颗脉冲星，这很可能是一个双脉冲星系统。1978年，他们通过多年跟踪观测最终表明，根据爱因斯坦广义相对论，该双星系统发射出引力辐射，改变了双星的旋转轨道。这些便是泰勒和豪斯的发现。在接下来的二十年中，他们一直密切观测着这个双脉冲星系统，发现它们的轨道不断改变。这样的改变与水星近日点轨道的变动还不一样。两位天文学家发现，脉冲双星的轨道改变意味着它们正在失去能量。这两个星体的能量通过发出引力辐射而衰减。至此，他们终于证实恒星确实会发出引力辐射，而且强度跟爱因斯坦的相对论所预言的一样。为了表彰他们对物理学的贡献，泰勒和豪斯被授予1993年的诺贝尔物理学奖。

爱因斯坦的广义相对论完成于1916年。现在这一理论已成为每一位物理学家的必修课。大爆炸的宇宙模型与广义相对论完美地结合，新一代物理学家们正在为证实爱因斯坦的理论提供高科技的手段。微波背景辐射也能为广义相对论所完美解释。宇宙微波背景探测中心还首次绘制出高分辨率的宇宙微波背景图，现在通过威尔金森微波背景辐射探测系统（这套系统是以迪克以前的学生戴维·威尔金森的名字命名的）的帮助，人们可以发现非常微小的辐射波动。自此，广义相对论完全通过实验的检验成为一门应用科学。

八
战后的混乱和纳粹的崛起

我现在已被描绘成为反对德国的邪恶魔鬼，所有属于我的钱都被拿走了。但我安慰自己说，不管怎样，所有这些都会过去的。

——1933年5月30日爱因斯坦给好友、德国物理学家麦克斯·波恩的信，当时他在柏林银行的账户被德国当局没收

可能从伦敦和纽约收到不明身份的外星“秘密无线电波”的传言中获得线索，一位伦敦的新闻记者与爱因斯坦取得联系，希望他能为刊物的读者解释不明电波信号的原因。一个题为“星际通信”的采访报道于1920年1月底在伦敦《每日邮报》上发表，爱因斯坦在采访中声称，证据表明，如果在火星和其他行星上有人那居住的话，行星间的通信更有可能使用光线而非无线电波。然而他猜想说，这名记者所谓的不明信号可能是大气层的干扰产生的，也有可能由一些秘密的无线电报系统的试验产生。

这类问题是爱因斯坦现在必须花时间解答的一系列问题之一，事实上，每次回答类似的问题更加提高他在世界上的知名度。1919年日食观测结果揭晓，很快传遍了世界。艾尔伯特·爱因斯坦的大名更是如日中天，他成为第一个国际科学名人。各行各业的人们都给他写信，不论是孩子还是老人，富人还是穷人，科学家还是一般人都想与这个公认的天才取得联系。他觉得自己好像是希腊神话里的财神迈达斯王。他9月时给物理学家麦克斯·波恩写信说：“就像神话里的那个人，他把任何触摸过的东西都变成了金子，就我而言，则所有的东西都变成报纸上的谈资。”他也觉得自己的成就被夸大了，他并不值得获得“如此广泛的崇拜”。他的理论是那么难以理解，也很难用非科学的科普语言表述，这就使得关于他的科学神话在一般民众中流传得更加玄乎，甚至认为爱因斯坦所参透的宇宙是其他任何人都无法领会到的。爱因斯坦对突如其来的巨大声誉刚开始感觉不错，跟媒体的交流中显得诙谐幽默，但是到后来他开始远离这种声名和喧嚣，希望生活在平静当中，而全世界的人们对他的热爱经久不衰，甚至延续到他去世后很长时间。

1920年3月初，爱因斯坦的母亲保利娜·爱因斯坦因患胃癌在德国柏林去世，享年六十二岁。几个月前当她住在瑞士时，爱因斯坦就已很担心母亲的病情。他花了很大力气把她接到柏林，并在自己寓所为她空出一间房，他和爱尔莎亲自给予母亲更好更贴心的照料以尽孝道，陪伴母亲度过最后的日子。母亲去世后，他给在瑞士的好友海因里希·赞格尔写信说：“母亲上周的这时候去世了，去世时历尽痛苦。我们也都为母亲感到心力交瘁、悲痛欲绝。在这时候才感到血缘的亲情是深入骨髓的。”给另外一个朋友海德维格·波恩的信中他写道："我知道看着母亲在痛苦中去世，儿子却无可奈何，不能帮任何忙的感觉是多么痛苦……我们都必须承担这份沉重，这是不可改变的生命的联系。"

20世纪20年代，爱因斯坦已经意识到反犹太复国主义思潮在增长，德国在第一次世界大战中失败后国内民族主义情绪也在继续高涨。反犹太人的偏见在柏林日渐兴起，反犹分子反对一般犹太人更是反对世界上最著名的犹太人爱因斯坦。这种偏见的一部分表现为对爱因斯坦相对论的严厉批评、疯狂反对——其中叫嚣得特别厉害的是反犹太分子、德国物理学家菲利普·雷纳德和约翰斯·斯塔克（他们俩都获得过诺贝尔奖），他们把爱因斯坦的理论说成是"犹太人的科学"。刚开始，爱因斯坦试图不理睬这些偏见，也不理会他们的评论，宁可把时间花在参与战后重建的努力中。后来由于纳粹的兴起，德国面临法西斯的危险，爱因斯坦开始仗义执言，公开抨击纳粹和反犹太主义种族偏见。

当时，他的关注点在于公平的教育机会和平民教育，还因此在柏林大学引发了一场风波。爱因斯坦强烈倡导为所有人提供公平的受教育机会。他两度公开向他的听众表明了自己对放宽学生到课堂听课的观点，一次是他在1919年受邀到苏黎世作公开演讲时，另一次是1920年在柏林大学教课时。1920年2月，柏林大学的学生会抗议爱因斯坦开放社会人士到课堂听课的做法，他们代表缴费上学的学生在一次演讲中公开激烈地质问他。一些人声称，这次质问是因为反犹太主义，理由是许多没有登记但参加爱因斯坦讲座和上课的"学生"被证实是来自东欧的犹太人，他们大都是移居到柏林，很希望听到爱因斯坦的讲课。但学生会、校方和爱因斯坦本人均否认这一指控。因为这次课堂发生的、持续数天并登上柏林报纸的头条的所谓"骚乱"，当局改变了允许校外人士前来听课的政策。然而，在这次风波后不久，爱因斯坦对自己所持的观点作了一点小小的修改，称社会人士依然可以前往听课，但条件是校内缴费上学的学生均有座位，而且演讲大厅还有座位空余的情况下才能被允许。但实际上，如果实在是座位满了，无法容纳这么多人，他也会另外安排在校园外作一系列晚上讲座，为想听课的学生免费讲授。

在这年中，爱因斯坦到荷兰作演讲旅行，他在那儿被任命为莱顿大学的访问教授，他还到了挪威、丹麦。在丹麦时他会见了物理学家尼尔斯·玻尔。他们俩在玻尔2月访问柏林时就见过面。他同时向公众发表一系列关于科学的声明。其中一个声明，是应科普教育协会要求在1920年7月所作，他在声明中强调向学生和公众展示科学技术应用于日常生活的重要性，并称科普教育与人文教育一样具有重要价值。

就在爱因斯坦做这些事的同时，阿道夫·希特勒，一个名不见经传的德国民族主义政党德国工人党的组织者，开始在德国的政治舞台上积聚力量、培植自己的势力。1920年2月，希特勒在慕尼黑组织了一个大集会，参加者达到近两千人。他在会上提出25点计划作为政党的纲领。德国工人党很快更名为德国国家社会主义工人党——即所谓的纳粹党（德国国家社会主义的英文缩写组成的单词为NAZI），并很快蜕变为法西斯极端主义政党，为害德国、欧洲和世界近25年。

到8月，爱因斯坦开始反击1918年以来一个他称为“反相对论公司”对他的理论的批评。他在柏林的交响乐大厅作了两场演讲。他的批评者污蔑他剽窃，为了急切使中伤、造谣的论文能发表，他们还操纵出版社、从事反对德国的科学研究等机构。他在厅内讲演时，反对者们在大厅门口散发反对犹太人的宣传册，并售卖带有纳粹字标志的领章。爱因斯坦通过报纸发表一篇文章，并在一个月后专门作了一个公开演讲，愤怒地回应了这些反犹太分子的行为，终于不再对这些恶意挑衅保持缄默。这些冲突使得爱因斯坦的朋友分成了两派，许多支持者则担心公然与反犹太分子的对抗将迫使他不得不离开德国。

这一次，爱因斯坦写了两份关于“犹太人问题”的文件，反击第一次世界大战后越来越甚嚣尘上的反犹太主义浪潮。尽管他没有发表这些文章，但在演讲中经常论及相似的话题。由于直言不讳，他的声明在德国和瑞士的犹太人中并不总是很受欢迎。例如，爱因斯坦被邀请参加一个学术界关于反击反犹太主义的会议，但他谢绝邀请，认为这样的会议不会有什么效果。他坚持认为，犹太人首先要与存在于犹太群体本身的反犹太复国主义思想作斗争（西欧的犹太人常常反对东欧的犹太人），只有当他们对

自己人显示出尊重才能赢得别人的尊重。

1921年春天，爱因斯坦决定第一次访问美国。他到美国有两个目标，一个是作为代表参加犹太复国主义者准备在耶路撒冷建立的一个希伯来大学的募款大会。他强烈支持建立这所大学，而且希望大学把重点放在科学和医学研究方面。他认为，大学的设立可以让在一些国家被禁止上大学的犹太人到这里继续学业或事业。他的第二个目标是访问新泽西州的普林斯顿大学。校方官员邀请他到大学作四场关于相对论的演讲。由于当时他的身体依然比较虚弱，坚持要求爱尔莎陪同前往照顾他。带领这个希伯来大学募捐代表团的是以色列第一任总统查姆·魏茨曼，他当时是英国公民，担任世界犹太复国主义者组织的主席。他们两人的讨论显然不限于犹太复国主义和政治，也包括科学。魏茨曼开玩笑地说："在我们的交谈中，爱因斯坦每天都向我解释他的理论，当我们到达美国的时候我终于相信他真的理解相对论。"

他们乘坐荷兰客轮"鹿特丹"号到达美国大都市纽约后，爱因斯坦马上成为当地瞩目的焦点。通过一名翻译，他还同冲到船上要先睹为快、德国相对论天才的记者们开起善意的玩笑。随后，纽约市的官员们将他接上车队，经过曼哈顿大街到市政府大厅，纽约市市长詹姆斯·海伦在那亲自迎接他们一行。在他纽约的行程中，安排了在哥伦比亚大学和纽约市立大学的两次演讲，场场听众爆满。到普林斯顿之前，他到华盛顿的国家科学院作了一场演讲。58年以后，为了纪念爱因斯坦的百年诞辰，人们在科学院门前建造了一座巨大的、广受欢迎的爱因斯坦塑像。他用德语作演讲，然后翻译成英文传达给听众。在美国的首都华盛顿盘桓期间，爱因斯坦与国家科学院的科学家一起到白宫与美国总统沃伦·哈丁进行了短暂的会面。哈丁刚开始并不想与爱因斯坦见面，后来不知为何又临时决定会见这位科学界的伟人。爱因斯坦在华盛顿受到的接待显然不算热情，即使第一次世界大战结束已三年了，两国关系还是很冷淡。相较于美国两周之后接待法国诺贝尔奖获得者玛丽·居里，东道主对爱因斯坦的接待显然低调得多。

在普林斯顿，爱因斯坦的行程也很繁忙。除了在普林斯顿大学麦科什大厅第五十演讲大厅的四场演讲之外，他还接受了一个荣誉博士头衔。当正式授予学位前，爱因斯坦作了答谢词之后，普林斯顿大学教授安德鲁·韦斯特一语双关地说：“我们向通过新奇的思维之海来到新大陆的科学上的哥伦布致敬。”爱因斯坦接受普林斯顿大学演讲的邀请，部分原因是因为丰厚的报酬——他当时很需要钱，因为承担着很多家庭义务，正从海外寻找经济来源，以使家庭度过战后的艰难岁月。普林斯顿大学最初邀请他在两个月内总共讲演二十四场，每周三场，总共付给他一万五千美元，这在当时来说是很大一笔钱。后来双方又商定，把时间缩短为一个星期总共四场，总题目为《相对论的意义》，相应地所得的收入也比先前少得多。后来，爱因斯坦在普林斯顿的演讲汇编成书，于第二年在美国和英国同时出版，直到现在还在印刷再版。完成在普林斯顿的工作后，爱因斯坦和魏茨曼一起继续到中西部和芝加哥完成募捐活动。尽管募捐活动并不如一些犹太复国主义者所希望的那样满载而归，但他同美国犹太人社区交往过程中，更加坚定了自己的犹太人身份认同。他回到德国后，在写给好友艾伦法斯特的信中说：“犹太复国主义确实代表了一种全新的犹太理想……这一理想可以给犹太民族的存在再次带来喜悦。我很高兴这次答应了魏茨曼的邀请（到美国走了一圈）。”

回国之前，爱因斯坦夫妇在英国稍作停留。爱因斯坦在伦敦大学国王学院作了一场关于相对论的演讲，在曼彻斯特大学也作了同样主题的演讲，演讲中还在黑板上签下了名字，这一签名至今还保存在英国。本来他还准备接受皇家天文学会的金质奖章，但由于是德国人，学会内部意见不统一而作罢。跟美国人一样，英国人也还没原谅德国在第一次世界大战中的战争罪行，皇家天文学会内部反对授予奖章的呼声还很高。为了赢得英国人的尊敬，培养英德战后的和解，爱因斯坦特地到威斯敏斯特墓园祭奠前辈科学家艾萨克·牛顿爵士，并在逝去的伟人墓前献上一束鲜花。

从美国回来后，爱因斯坦对美国人作了一些评价，可能在美国不会受欢迎，特别是他把美国男人说成是他们妻子的哈巴狗，而美国主妇们则被冠以乱花丈夫钱的恶名。他后来试图作一些解释，说明他的表述是赞扬美国人的热情与友好，并且对美国的学校里老师和学生之间亲密的关系表达了他的羡慕之情。他称，美国人的爱国热情并不是那种民族主义的狭隘情感，而是作为一个伟大国度的公民的发自内心的自豪感。

回到柏林不久，爱因斯坦挤出一点时间与儿子们一起度假。这时，汉斯·艾尔伯特已十七岁了，爱德华也有十一岁了。他们到北边的波罗的海海滨去玩帆板，然后在附近的农家家里过夜，晚上还与儿子们一起烧烤。爱因斯坦更喜欢过这种简单随意的生活，享受全家团聚的天伦之乐，一点也不眷恋美国、英国之行中豪华的生活。他和孩子们玩得很开心，他也承认米列娃将孩子们抚养得很好。爱因斯坦还设法让孩子们在一家德国大公司实习，学习设计一个旋转罗盘。

爱因斯坦直到1922年赴日本途中才收到获得1921年度诺贝尔物理学奖的正式通知，但早在1921年末便听到相关的消息，知道自己将因1905年在光电效应研究上的成果被授予这一奖项。他在光电效应上的研究成果引导了后来通信技术革命。当时，一些物理学家还在质疑相对论，诺贝尔评奖委员会没有提到爱因斯坦最为知名、最重要的相对论工作。获得这一殊荣确实是件大喜事，但也产生了一些麻烦事，由于诺贝尔奖必须明确获奖者的国籍身份，这就把他的国籍问题置于聚光灯下。爱因斯坦直到此时还坚信自己是一个瑞士公民，但德国政府声称自从他1914年被任命为威廉皇帝学院的职位便自动拥有了德国国籍。不过德国当局同意爱因斯坦可以同时拥有瑞士国籍，所以他就没有再反对接受德国国籍，并同意以德国物理学家的身份领取奖项。

第一次世界大战后，德国马克大幅贬值，经济经历大萧条。由于政府的宣传，一方面由于协约国方面索要的巨额赔款，德国民众把大部分的经济困难都归罪于战后协约国通过《凡尔赛条约》强加于战败国的苛刻停战条件。欧洲战胜国索要的战争赔款数额巨大且要求严厉，这些债务大都被转嫁到德国普通民众身上。德国政府不断借款，并不断加印钞票，导致国内通货膨胀，使民众放在银行的钱大幅度缩水，最终引起了政治上的全面动荡。这个时候，不论共产党还是法西斯政党都蠢蠢欲动，都希望掌控国内政治主导权。最后，最极端民族主义的法西斯政党在民众当中赢得了多数的支持，因为他们批判凡尔赛条约最强烈，并且反对建立新的民主德意志共和国的施政目标，迎合了战后一般民众心中不断积聚的复仇情绪。法西斯主义的兴起直接导致了希特勒及其领导的纳粹党掌权。他们承诺推行改革、终结协约国强加在头上的羞辱，并宣称将改善糟糕的经济状况，这些政治口号赢得了民众支持，终于使之得以操控民意。很快，在纳粹统治下，随着德国民族情绪的进一步高涨，欧洲的政治舞台上正在酝酿着一场新的世界大战。

第一次世界大战之后民众普遍失望的时期里，德意志魏玛共和国1919年至1933年执政期间，德国人掀起了一场狂热的文艺复兴浪潮。人们热衷于新形式的艺术、音乐和文学。爵士乐、古典音乐、酒店歌舞表演、剧院，超现实主义、达达主义艺术和文学运动等都能在这段时期的德国找到踪迹。特别是在柏林，这里吸引着来自世界各地的艺术家和求学者。1923年，国际社会向德国实施提供国际贷款和金融援助等一系列计划。这些金融外援措施颇为奏效，德国的通货膨胀开始有所下降，这种好的趋向一直持续到20世纪30年代全球性的金融系统的崩溃和随之而来的经济危机。

战后相对安定的日子里，爱因斯坦除了忙于物理学研究，开始更多关注一些新领域，如教育、和平主义和犹太复国主义等。他在1921年发表了一篇文章《爱因斯坦论教育》，文中表达了他对教育问题的看法，例如，他总结说，现今的数学和自然科学教育太过于关注抽象思维的训练，应该更多地培养学生的动手能力；他还说，用考试来检验学生学得怎样大可不必（他一生都在反对这种针对学生的考试）；还建议学校一天的上课时间不应该超过六小时。在另外一个声明中，爱因斯坦强调，艺术和科学有着相同的因素，两种学科都能发挥人的创造力：科学研究中，人们通过逻辑来表现创造力；在艺术中则通过形式达到这点；两者都能使人从纯粹的个人消遣中脱离出来。

1922年，威廉·库诺成为德国的总理，爱因斯坦也在这年完成他关于“统一场论”的首篇论文。在这篇论文中，爱因斯坦尝试将引力理论和电磁理论用一个统一的理论体系表述出来，证明两种力是基于某种更加基本的力或规律。他很难接受在自然界中存在截然不同的两种力——在这两种力之外，后来科学家又发现了另外两种，原子间强相互作用力和弱相互作用力。今天，物理学家正在寻找更高级的理论：涵盖每一个事物的理论，这一理论将能够统一所有的力和所有的物质。目前，弦理论——该理论由普林斯顿大学的物理学家约翰·施瓦茨、艾德·维顿和戴维·格罗斯以及伦敦大学玛丽皇后学院的马歇尔·格林在20世纪80年代早期首先开始研究，是现在为止最接近这一理想的理论。

从第一次世界大战后开始，爱因斯坦逐渐对国际政治活动产生兴趣。他跟玛丽·居里、洛伦兹和其他知名知识分子一起加入新成立的国联知识分子合作委员会。该委员会的宗旨是动员全世界的知识分子行动起来倡导世界和平。但他很快疏远了国联，认为这个组织并没有“真诚的愿望”去努力达成其宗旨规定的目标，尽管他没有公开谴责，但最终还是退出了委员会。一年以后，他改变了先前的主意再次加入该委员会，并定期参加委员会的会议，一直到1930年，他再次永久地退出，再没有回到其中。这次退出的主要原因，可能在于爱因斯坦自由自在的个性并不适合委员会的工作，因为他更喜欢自己天马行空、不受约束地独自工作，并达成自我设定的目标。德国的经济困难和衰退还在继续恶化，糟糕的经济状况导致下层民众生活困苦。寻求变革和社会福利的民意促进共产主义在德国东部实力日益增长，他们的变革主张在穷人当中特别受欢迎。犹太人，特别是来自东欧国家的新移民，一方面被认为抢走了德国人的饭碗、增加了他们的困苦；另一方面，一些德国人认为他们从东欧国家带来了共产主义祸害。因此他们的到来引起占人口多数的德国人对他们的双重憎恨，反犹太主义情绪在德国更加普遍。

但是在这个时候，大部分德国人对爱因斯坦还是非常尊敬的。人们希望把他的大名和学识留在德国的大学中，即使爱因斯坦有时对他们提出直言不讳的批评。他甚至还与一些德国民族主义的团体进行交流，跟他们保持着友好的关系。他对所有的人都很亲切，也很“民主”，他相信人们会对一个诚实的人表示敬意的，即使他们之间的观点和看法不尽相同。这时爱因斯坦也还没有对德国的民意失去信心。然而，1922年6月，两个极端民族主义的法西斯分子刺杀了新任犹太裔德国外长沃尔特·拉瑟诺，他是爱因斯坦的朋友，被实力增长的纳粹党人指控与一个“犹太—共产主义阴谋”有关联。正因为这一莫须有指控，拉瑟诺才惨遭德国极端民族主义分子毒手。在那之后，爱因斯坦变得小心起来，他开始从任何政治争议性话题中脱身而出，不再如先前那样畅所欲言，对可能受到的人身安全的威胁开始警觉，也不再如先前那样频繁出现在公众场合。他在1922年7月16日给朋友莫里斯·索洛文的信中说：“自从对拉瑟诺令人痛恨的谋杀之后，在这每天都有很多令那些民族主义者歇斯底里的事。我自己也不断被警告要小心安全，我已取消好些计划中的演讲，从官方场合‘消失’，尽管实际上我并没有离开。”从这时开始，他开始考虑辞去威廉皇帝学院和德国学术界的职位到别的地方去。

他希望离开柏林这个是非之地清静一段时间。首先到来的机会是一次时间较长的海外旅行，它使得爱因斯坦暂时避免待在国内可能受到的伤害。爱因斯坦和爱尔莎应一家日本出版公司之邀出访远东和日本，还计划在返回途中造访巴勒斯坦、西班牙，并在法国作短暂停留。这家财大气粗的出版公司为爱因斯坦提供慷慨的经费，邀请他在日本作一系列讲座。爱因斯坦后来写了一篇文章《日本印象》发表在一家日本刊物上。爱因斯坦夫妇大约10月离开德国前往法国的马赛，并在那乘上一艘日本汽船开始六周的海上航程，终点为日本首都东京。途中，他们在新加坡、中国香港、斯里兰卡和上海均作短暂停留，爱因斯坦随身带着一本旅行日记本，在途中坚持写旅行日记，记述途经国家新鲜有趣的风土人情和印象深刻的所见所闻。

在海上漫长的旅途中，爱因斯坦再次患上了胃病，随船医生给他提供了必要的治疗。后来，在轮船经过中国香港到上海的这段路程时，他获得的消息毫无疑问减轻了疾病给他带来的痛苦：他获得诺贝尔物理学奖的结果获得官方证实，并被正式宣布了。现在，增加了一个诺贝尔奖得主的新头衔，让他在日本四个城市所作的一系列演讲更加备受推崇，所到之处均获得迎接国际名人一样的热烈隆重的欢迎。他对主人的热情和谄媚奉承感觉很是舒服受用，并在观光过程中对日本这个东方国度“精妙的民俗”以及其他新鲜事表现得兴味盎然。1924年5月他给朋友贝索的信中提到此次日本之行时说：“我第一次见到一个幸福而健康的社会，社会的每一个成员都完全融入其中。”在日本福冈的最后公开行程中，爱因斯坦出人意外的举动让现场的日本听众欣喜若狂——他在一个基督教青年会的圣诞集会上为听众拉起小提琴，一展科学巨匠在音乐方面的天赋。几天之后，1923年的元旦前几天，他和爱尔莎离开这个远东岛国，开始奔赴中东的漫长旅程。

在将近一个月的时间里，带着远东之行的许多记忆，他们到达了中东的巴勒斯坦海岸。这里自第一次世界大战以来一直处于英国的委托统治之下。在这的所见所闻同样给爱因斯坦留下持久而深刻的印象。在特拉维夫和耶路撒冷，犹太劳工和农民展现出他们高超的技艺。经过与他们面对面地接触和了解，爱因斯坦原先怀疑犹太人没有能力建立自己的祖国的疑问终于烟消云散，转而成为犹太人祖国的热切支持者。不过爱因斯坦对犹太复国主义也不是特别入迷，对那些墨守犹太传统成规，整天将很多时间花在祈祷仪式上，还遵从各种繁杂古老传统的犹太人，他还是觉得无法亲近，也无意结交，往往采取敬而远之的态度。

到巴勒斯坦不久，爱因斯坦参加了位于耶路撒冷的希伯来大学开工奠基仪式。尽管他并不懂希伯来文，但在为大学开工所作即席发言中读了生平第一句母族的语言希伯来文。然后又与其他出席仪式的犹太名人一起为校园的第一座建筑奠下第一块基石。后来在一篇文章中他曾提到他心目中犹太人祖国的构想，显然当时他并未考虑到任何“阿拉伯问题”，只是天真地设想犹太人和阿拉伯人和谐生活在一起的美丽图景。民族问题在他的“理想国”中不居主要地位，他认为生活在这块土地上的人们面临的最主要的问题在于卫生条件、疾病和债务。他把未来的犹太人祖国看做是全世界犹太人的“精神家园”，不过心中依然存有疑问，很怀疑能否吸引全世界的犹太人到这个祖国安居。从巴勒斯坦回到德国，乃至日后到了美国，他继续全力以赴帮助以色列建国，不过这是他唯一一次踏上巴勒斯坦和耶路撒冷，从那以后再也没有回到那里，亲眼看看自己和其他以色列先驱共同努力取得的成果。

20年代末，当巴勒斯坦发生大规模的反犹太骚乱以后，爱因斯坦这才开始对阿拉伯人和他们的权益问题给予关注，对犹太复国主义的态度也发生了变化。与此同时，犹太复国主义者的表现也令他失望。宣布开建希伯来大学之后，该校办学方向发生了变化，与当时为大学募捐时他所建议着重科学与医学教育的方向背道而驰。这种转变的主要原因来自美国捐赠者的压力。因为希伯来大学大部分的经费都来源于美国的犹太人，他们认为应该由他们来决定新学院的发展目标。爱因斯坦原先设想将大学建成一流的教学和研究型大学，致力于最高级的科学水平，这一设想考虑到要满足大量到巴勒斯坦的犹太人的需要。但是美国人更倾向于将这个大学建成一所师范院校，希望安排那些富裕的美国捐赠者到学校任教，根本没有太大兴趣大力吸引最高水平的学者加入大学。他很快发现自己与学校的主事者的意见相左，感觉到校方领导很不得力，批评他们选一些“道德低下的人”来完成建校的目标。经过与学校官员几次争执，校方仍不愿意妥协，不同意改变大学用人的标准和未来规划，爱因斯坦无奈之下默不做声地辞去学校董事会和学术委员会的职务，从此不再参与希伯来大学的事务。

越来越多的犹太移民如潮水般涌入，巴勒斯坦土地上的阿拉伯人被迫作出反击。爱因斯坦对阿拉伯人心怀歉意，他认为犹太人应想办法与他们和解并合作共建家园。他在1929年底给魏茨曼写了一封信，认为犹太复国主义者应该与当地的阿拉伯人和平合作，他在信中说：“如果不能找到合适的办法与阿拉伯人达成诚实的合作并订立诚实的条约，那么就意味着我们没有从两千多年来流离失所的痛苦经历中汲取教训，而且未来仍将逃脱不了同样的命运。”他希望“两个同属古闪族的民族”都拥有一个同样伟大光明的未来。爱因斯坦的朋友厄内斯特·斯特劳斯概括他对犹太复国主义立场的说法相当到位，他说：“他作为一个犹太复国主义者是基于一般人道主义立场，而不是基于民族主义立场。他感到犹太复国主义是解决欧洲犹太人问题的唯一方法……他从来不赞成具有侵略性的民族主义，但认为在巴勒斯坦建立犹太人祖国是拯救欧洲犹太人的关键。”爱因斯坦还反对建立一个独立的犹太国家，只是希望建立一块区域，犹太人和巴勒斯坦人共处，而由国际组织统治。

离开巴勒斯坦的土地，深受统一犹太“部族”理想的鼓舞，爱因斯坦和爱尔莎离开中东继续向法国和西班牙的行程。在3月中旬回到柏林之前，他们还到这两个国家观光旅游，所到之处无一例外地引起所在国家人民的热烈欢迎。爱因斯坦的西班牙之行在这个国家掀起一场关于自然与科学的社会价值的大讨论，这对于西班牙这个刚开始现代化进程的国家而言，其意义是非同寻常的。在其他地方，爱因斯坦宇宙观的影响超越阶级和行业，它使人们以更宽广的眼界对待价值观和科学的应用。

到了7月，爱因斯坦到达瑞典的哥德堡，作他的接受诺贝尔奖的答谢演讲，同时参加在那举行的斯堪的纳维亚科学家大会。这个演讲是在他被授予诺贝尔奖后几个月才作的，所以并没有过多讨论自己获奖的光电效应研究。与会科学家们急于想听爱因斯坦在演讲中提及当今物理学领域的最热点问题，所以他选择相对论理论作为演讲的主题。第一场演讲的两千多听众里，大部分人并非专业物理学家，而是包括瑞典国王古斯塔夫斯五世在内的前来捧场的社会名流，他在这场演讲里没有涉及高深理论探讨。为了满足那些专业的物理学同行，爱因斯坦在首场演讲后，安排了一场更专业但规模小得多的讲演，专门向物理学家们通报统一场论的进展情况。

爱因斯坦将所获得的诺贝尔奖奖金及时存入瑞士银行的账户中，但是米列娃和汉斯对不能获得所有钱、只能取出存款利息的安排表示不满。爱因斯坦对他们的抱怨很意外，认为自己已够慷慨了，不过他最后还是同意让米列娃支配所有的钱。后来，米列娃和儿子们在理财顾问的建议下，利用这笔钱在苏黎世买下三处房产以供出租，通过这些房租，米列娃就获得稳定而丰厚的经济来源，一生可衣食无忧。为了修补与孩子们关系的裂痕，爱因斯坦当年夏天回到瑞士与米列娃和孩子们在一起度过一段时间，还带着两个儿子到德国南部度假。

与家人共度时光之后，他返回德国继续致力于他的和平主义倡导活动。他声称因为科学发展所产生的技术发明拥有国际性影响，比如，可以用于军事科技，成为杀人工具，人们必须建立国际组织来防止战争，防止将科学发明在战争中助纣为虐导致生灵涂炭。他加入了好几个提倡社会自由的左翼组织，或至少允许他们借用他的名义进行宣传活动。与这些组织的关系很自然使他成为右翼极端分子的眼中钉，他们多次威胁要取他的性命。这些威胁可能与1923年11月希特勒领导的慕尼黑啤酒大厅暴动组织有关。希特勒企图通过这次暴动推翻新魏玛共和国的统治，但是暴动失败了，希特勒被拘留，在法庭上被法官判定有罪并且被判入狱五年。这已是明显轻判，审判他的主审法官明显对他抱有同情之心，因为根据当时德国法律，阴谋推翻政府罪通常将被判死刑。希特勒在狱中声称审判为政治打压，并以自杀相威胁，同情纳粹的巴伐利亚州政府当局在其被关押仅八个月时便以“狱中表现良好”的名义将希特勒释放。在狱中的日子里，希特勒写完了臭名昭著的《我的奋斗》的第一部分，他在文中表达了对犹太人和斯拉夫人的仇恨，并严厉指责民主制度。就在希特勒酝酿对犹太人仇恨、德国陷入狂热反犹太风潮之时，爱因斯坦再次短暂躲避到荷兰直至骚乱逐渐平息。

1924年5月中旬，爱因斯坦写信给朋友，告知德国的政治形势变得火药味少些，他的生活又恢复了平静，不会像以前有那么多的干扰。和平环境为庆祝家庭的喜事提供了好时机。爱因斯坦又多了一个新头衔——爱尔莎和前夫所生的女儿艾尔丝与出版社编辑和出版顾问鲁道夫·凯塞结婚，他成为鲁道夫的岳父。1930年，凯塞用安东·雷瑟尔的笔名出版了爱因斯坦的第一本传记。为了将这本传记作为庆祝1929年爱因斯坦五十岁生日的礼物，凯塞花了一年努力工作总算赶在了他生日之前完稿。但是爱因斯坦不是很喜欢有关他本人的传记，觉得这种东西让他看起来像是一个爱慕虚荣的人，具有在公众面前亮相的渴望。他从来没有看过别人关于他的任何传记，后来私下对一个朋友说：“通过这种方式（指不看关于自己的传记），人们才不会被表扬冲昏了头脑，也不会被批评打击得垂头丧气。”唯一获得他赞许的传记作家是卡尔·西里格，不过他还是拒绝直接看西里格为他写的传记。为了遵守这一信条，后来他在审阅西里格写的自传稿时，只好由私人秘书海伦·杜卡斯从中选取一些章节，一段一段地念给他听。

自古英雄难过美人关，爱因斯坦在私生活上看来也秉承从古以来“窈窕淑女，君子好逑”之道。据称，爱因斯坦五年前跟爱尔莎结婚前曾声称爱继女艾尔丝，但是当她出嫁无法再继续纳入他罗曼蒂克关系的注意力之内后，爱因斯坦又被他的新女秘书贝蒂·纽曼迷住了。但是他在年底时终

止了这段关系，因为知道这段关系不会有任何结果。此后依然还有其他女人进入爱因斯坦的生活。他的女人缘不仅因为他是世界闻名的科学家——就像是个科学界的摇滚明星一样——还因为他所拥有的帅气的外表和迷人的魅力。他还拥有强健的肌肉，身体不同寻常的强壮，而且见过他的人都会提到他“闪亮”的眼睛。爱因斯坦的幽默和爽朗的笑声也同样具有感染力。爱因斯坦的一个助理艾伯拉罕·佩斯说：“他常常用最不寻常的笑声来回应你，这种笑声很像海豹的叫声，是一种兴高采烈的大笑。”

爱因斯坦与好几个女人有着风流韵事，这些女人都是主动投怀送抱，她们显然并非作风有问题的女子，或许确实是对爱因斯坦动了真情。他最喜欢的是那些既可以同他共享学术探讨的乐趣又能欣赏他的音乐才能的女人，或能与他一起共享海上冲浪乐趣的人。他说：“海上航行是最省力的运动，但我对这项运动并不擅长，如果我能自己设法从帆板上走下来的话就非常满足了。”在爱尔莎知情，甚至在她的纵容下，他经常陪伴着一些女士打情骂俏、做一些风流韵事。看来他跟脾气奇好的妻子爱尔莎的婚姻关系是建立在相依相伴的基础上，而不是基于情感，没有迹象表明爱尔莎对丈夫与其他女人调情或外遇有过激的反应或嫉妒的表现。更有可能的是，她任由这些持续很短时间的风流韵事发生，只是安心做伟人的妻子，而且很有信心他绝对不会离她而去。

1922年，爱因斯坦曾拒绝了访问美国南部地区并在那儿作演讲的邀请。但当1925年美国人再次提出时，他决定接受，开始第二次美国之行。他和爱尔莎1925年3月登上一艘去美国的客轮，开始了三个月的海上航程，途中经过阿根廷、乌拉圭和巴西。这次同样带了一本旅行日记本用来记下沿途的所见所闻。到达美国时他受到远比上次要热烈许多的欢迎，美国的许多科学组织、政客和德国的犹太人社团热情款待了他。他则应主人的要求作了演讲。对爱因斯坦来说，这次到美国的几个星期里他十分放松，享受“巨大的快乐”。

前面曾提到，20世纪20年代中期开始，爱因斯坦已步入中年，他对政治和社会活动的关心程度超过了对科学的关心。虽然他仍然在关注量子力学相关论文的发表，并向学术界通报对统一场论研究的进展情况。实际上，统一场论的研究已陷入困境，没有取得多大进展，总体而言，他对物理学方面的创造力已大不如前。这种随着年龄增长而出现的科研效率降低在物理学和数学研究领域的例子层出不穷。大多数物理学家和数学家的主要成就和创造都是在他们事业初期、非常年轻的时候就已完成。爱因斯坦的一个科学界朋友在1925年末评论说："爱因斯坦可能钓鱼去了。"当然，因为开创性的巨大成就和超凡的个人能力，他作为在世最伟大物理学家的名望和对学术界的影响并未因为学术上成果有所减少而不复存在。相反，他在许多年轻的物理学家心中还是如高山仰止般的物理学泰斗，他们经常怀着崇敬的心情给他寄去自己的论文，希望获得指教。比如，天体物理学家乔治·伽莫夫曾收到爱因斯坦回信，信中认同他的理论可能正确，伽莫夫顺手在回信的下面写道："当然了，这个老人现在对任何事都表示同意。"专业组织也因为他的巨大贡献继续对他保持尊敬。大约两年内，从1926年到1928年，英国皇家天文学会给他颁发该学会崇高的金质奖章；在英国具有崇高地位的皇家学会也给他颁发了科普利奖章，是该学会的最高奖项，每年颁发一次，轮流颁发给物理学和生物学领域作出杰出贡献的科学家；苏联科学院也授予爱因斯坦荣誉院士的头衔。

爱因斯坦将他的旺盛精力更多地花在倡导和平主义的社会活动上。在第一次世界大战爆发过程中，他一度放弃了和平主义努力，认为再多的努力也是白费力气。战后，他重新致力于这一理想以阻止未来的战争。1922年，他支持发布了一本宣传和平主义的宣传册子，宣称科学家赞成和平主义者的目标是因为科学研究需要广泛的国际合作来完成工作。此外，"当人们服从当局的命令准备进行有计划屠杀的时候，参加或准备参加战争，那么他无权称自己是基督徒或犹太人"。1925年，爱因斯坦再次强化了自己和平主义者的立场，他在一份反对强制兵役的声明上签字。其他的签名者包括印度的和平主义者、非暴力不合作独立运动领导者莫罕达斯·卡拉姆昌德·甘地、印度诗人，作家、诺贝尔文学奖得主泰戈尔和英国作家赫伯特·乔治·韦尔斯（韦尔斯以其短篇小说和科幻小说享誉文坛，如他的《时间机器》、《世界大战》等）。爱因斯坦认为，只有国际上共同努力建立起世界范围内的反对强制兵役的体系，战争才能真正被废除。他在

1931年写道："有两条道路反对战争——合法的途径和革命的途径，合法的途径是允许全面推行志愿兵役制而不是将之局限于只有某些特权人士才能享受，而是使之成为全民的权利；革命的途径就是实行不妥协的反抗，打破军事主义和平时期大权在握，战争时期同样掌控国家资源的局面。"

1925年，保罗·范·兴登堡当选为德国总统，汉斯·卢瑟成为德国总理。兴登堡1928年从德国军队退休，但是对政治还抱有很大兴趣，在完成第一个任期后，1932年他再次连任德国总统。兴登堡当政期间并没有采取得力措施应对希特勒崛起，甚至迫于压力在1933年1月任命他为政府总理。不过由于兴登堡在德国人中拥有崇高声誉和众多的支持者，希特勒在他活着的时候尚不敢轻举妄动，也不敢颠覆宪法规定的政权体系，直到兴登堡1934年在任上去世。在新总统选出来之前的过渡时期，希特勒的新法西斯青年组织建立，他的《我的奋斗》也出版了，随后德国宣布加入国联。同一时期，纳粹头子保罗·约瑟夫·戈培尔成为纳粹党的党魁。

1927年秋天，新一届索尔维大会在布鲁塞尔召开，世界上最有才华的物理学家再次共聚一堂。这次大会讨论的是新诞生的量子理论。大会的明星是爱因斯坦和尼尔斯·玻尔，贯穿整个大会的精华部分是他们俩在量子力学理论问题上针锋相对的论战。在这次大会后，他们间关于量子理论的辩论一直持续到爱因斯坦生命的尽头。一年以前的1926年，爱因斯坦给物理学家麦克斯·波恩的信中说："量子力学非常值得关注，但我的心里有一个声音告诉我说，目前的研究并不在正轨上。这个理论产生了很多成果，却没能让我们离真理的奥秘更近一步。我无论如何坚信，上帝不会掷骰子。"后来他也写过类似的句子，那是多年以后的1942年，他在给另一个朋友的信中写道："想偷看上帝将出什么牌确实很困难。但我一秒钟也不会相信上帝会选择跟这个世界玩掷骰子。"据说，听到爱因斯坦关于上帝的表述之后，玻尔回击爱因斯坦说："嘿，请不要再教上帝该做什么！"

汉斯·艾尔伯特此时已23岁，他向家里宣称将与年长自己九岁的弗里达·科内契特结婚。爱因斯坦强烈反对这门婚事，连米列娃也觉得弗里达不够好。1928年，汉斯已和弗里达结婚后，米列娃给朋友写信说汉斯看上去“吓人的糟糕”，而“他的妻子不懂得如何照顾他，她想的只是她自己”。弗里达其实是一个很温和、聪明的女子，后来为汉斯生了三个孩子——戴维、克劳斯和伯纳德，其中只有伯纳德活过六岁并长大成人。1941年汉斯和弗里达还收养了一个女儿伊芙琳。

1927年是艾萨克·牛顿逝世200周年纪念，学术界在世界范围内举行隆重仪式表达对伟人的尊敬。爱因斯坦应英国主办方请求为这位前辈科学巨匠撰写颂词。他利用这个机会也把英国大大地赞扬了一番，称英国设法做到了让其科学的传统和尊重知识的气氛代代相传，使得人类的精神得以“高扬”。他指出牛顿之后的理论物理学界的几乎所有进步都是基于牛顿的思想上的进步。他还不忘揶揄一下学术上的对手，称只有量子理论好像是牛顿微积分数学被人错误应用的产物。

1928年2月，爱因斯坦的良师益友、荷兰物理学家H.A.洛伦兹不幸辞世。爱因斯坦匆忙赶赴荷兰莱顿大学在洛伦兹葬礼上致悼词，他在悼词中称洛伦兹是“我们时代最伟大最高贵的人”，“他对自己的要求就像对艺术珍品的要求，即使是最小的一处细节他都能注意到，他从来没有吝惜自己的好心和慷慨，他为人公平，而且具有对人际关系和社会事务真实而直觉的理解，这使得他成为任何他所涉及领域的领袖”。爱因斯坦后来还说洛伦兹是他一生中遇见的最重要的一个人。

1928年3月，爱因斯坦在瑞士境内游玩时突然罹患严重心脏病，被紧急送医治疗。这一病就是四个月卧床不起，而且足足花费了一年时间才完全康复。他越来越需要一个能干、可靠的人帮助处理不断增长的个人事务和通信联系等日常事务。爱尔莎忙于家务显然没有时间来做这些事。因此，在爱尔莎的帮助和同意下，爱因斯坦雇用了年轻的海伦·杜卡斯做他的私人秘书。海伦没受过几天正规教育，基本上自学成才，十五岁就离开学校照顾家庭，她在爱因斯坦剩下的岁月里一直陪伴他们夫妇，成为他们家庭的一员。爱因斯坦和海伦建立了和谐的工作关系，并且将这种关系持续27年而没发生什么风流韵事。海伦对爱因斯坦十分尽心，全力维护爱因斯坦可亲、富有爱心和仁慈而毫无心计的天才形象，并且尽力保守爱因斯坦私生活的隐私。爱因斯坦死后，海伦·杜卡斯成为爱因斯坦在普林斯顿高级研究所各种论文和资料的法定托管人和专职保管员，直到这些资料1981年底被搬到耶路撒冷——这项工作成为她晚年生活的目标。海伦·杜卡斯是一个聪明、害羞的女人，有着过人的才智，并且善解人意，她对物理学家厄内斯特·斯特劳斯的一段评论让她在圈内广为人知。那是当她在普林斯顿被第二次介绍给斯特劳斯认识时，她说："我当然认识你，你小时候行割礼时我还在场呢。"在杜卡斯晚年的时候，健康已很不好了，无法胜任爱因斯坦文稿的保管工作，于是便依爱因斯坦遗嘱将他的这些手稿、著作、文件等都移交他生前一手帮助建立的耶路撒冷希伯来大学。移交完爱因斯坦的资料、手稿遗产后不到一个月，海伦·杜卡斯便在普林斯顿逝世，终年八十五岁。

爱因斯坦所兼的多项工作中又增加了一项——兼职担任和平主义组织德国人权同盟的董事，这些额外的工作促使他1928年不得不雇用海伦为全职秘书协助工作。到了1917年，劳累过度的他再次病倒了，不得不卧病在床好几个月，无法参加普鲁士科学院的会议。他拜托科学院同事定期到他家，替他将论文和演讲稿带到单位。在此期间，爱因斯坦提出一种新的数学方法，他认为可以据此构建统一引力和磁场的统一场论，希望一举完成晚年的大部分岁月一直在孜孜不倦地寻找的解决统一场论的办法。

1929年3月14日，爱因斯坦度过五十岁生日。数不胜数的生日贺卡、贺信和电报如雪片般从世界各地飞来，不论是年轻的还是年老的人们，都为伟大物理学家的五十岁生日衷心祝福。为了给他庆祝生日，朋友们特别希望给他一个实质性礼物：以他的名义买一所夏天休假的房子。朋友们本来以为通过他们的争取，柏林市政府会以公家的名义送给他一所这样的房子。但是这一计划因为政治因素和财产权益等方面的问题夭折了。爱因斯坦因此事的波折对当局很是反感，便决定在柏林郊区西南部的小村庄开普什自己买了一块地建造房子。这所房子建在离一个天然小湖泊只有三分钟的路程的地方，他可以很方便地到湖中玩他喜欢的帆板冲浪。他的朋友们为未能办成送房子的事非常尴尬，就给他买了一艘帆船，同样给他不小的惊喜。有了帆船，爱因斯坦就随时可以在家旁的湖里行舟放松了。他的房子很快于当年夏天修建完毕，9月就搬入居住，但他还留着在柏林城区的房子。爱因斯坦十分享受这种乡村田园生活，由于心情高兴，健康也恢复得更快。

不久，大病初愈的他又马不停蹄地代表犹太复国主义与和平主义组织接受大量采访和通信。但他病后最重要的工作是，于1929年发表了一篇论文，题为《论统一场理论》。这一题目在文章发表前便为人们所知，所以很多人的目光都在关注着这篇论文。大众传媒的谣传称，爱因斯坦已解决了宇宙的谜团，所以整个德国都在等着他发表研究的结论。第一次印刷的论文很快一售而空，马上有更多的印刷订单在等着，可以说一时间“洛阳纸贵”。尽管他对自己的理论绝对有信心，但不认为公众值得如此反应，其实这是典型的媒体大肆宣传误导公众的案例。文章发表之后，很快，学术界的批评意见就来了，爱因斯坦尝试对文章作过几次修正，但终于在几年后承认自己得出的结论是错误的。

爱因斯坦大约从这时起开始与比利时王后一家建立长期的友情和通信往来。爱因斯坦拜访定居在比利时的叔叔恺撒·科赫时接受邀请，到拉肯皇家庄园拜访比利时王后。她是一个音乐和学术对谈的爱好者。在会见中，遵从王后的要求，爱因斯坦与王后和一位侍女一起演奏乐器三重奏。茶歇的时候，王后的谦逊和诚恳让爱因斯坦很感动。一年以后，爱因斯坦再次到比利时拜访了王后和她丈夫，他们之间结成温暖而持久的友谊，而且正因为他们之间的良好关系，爱因斯坦几年以后躲避纳粹迫害寻求避难，比利时皇室起到至关重要的作用。爱因斯坦对王后非常尊敬，给王后的信中总是以“亲爱的王后”开始，直至他去世前不久给她的最后一封信中也没有改变。

1930年，家事占据了爱因斯坦今年活动的主要方面，喜事接二连三。他第一次当上祖父，汉斯的妻子弗里达生了一个儿子，取名伯纳德，而爱尔莎的另一个女儿玛戈特也出嫁了，嫁给迪米奇·马里安诺夫（他们的婚姻以离婚告终）。爱因斯坦另外一个继女艾尔丝的丈夫鲁道夫·凯塞在今年成功地出版了爱因斯坦的第一本传记；马里安诺夫14年后也出版了他执笔的《爱因斯坦传记》。这年中，爱因斯坦和爱尔莎准备再次到美国一游。这次是到美国加利福尼亚州，该州帕萨迪纳的加利福尼亚理工学院邀请他到学校作演讲。

面对德国国内不断增长的民族主义情绪和局势的动荡，爱因斯坦继续参加越来越多的政治活动。纳粹党在德国新一轮选举中赢得了多数，预示着阿道夫·希特勒这个恶魔登上德国最高权力宝座已成定局，新一次大战的阴云笼罩于欧洲大地。尽管右翼分子控制德国国会，爱因斯坦还没太过于担忧反犹太主义情绪的增长。他认为纳粹的在大选中的胜利更有可能因为经济原因，而非反犹太主义使然。由于席卷全球的经济萧条，包括美国在内的很多西方国家都陷入了经济困难中。德国经济更是雪上加霜，再次陷入困境，许许多多的德国人失业，人们的生活十分困苦。德国人希望新政府能给他们带来积极的变化。

然而，在苏联和东欧社会主义国家里，反犹太主义情绪增长十分显著，带来的后果是犹太难民大量涌入巴勒斯坦。20世纪30年代，大约有20万来自东欧和苏联的犹太人难民离开原先的家园进入巴勒斯坦——犹太人先民居住的地方。巴勒斯坦的委托管理者英国也感觉到当地阿拉伯人对此的抵触情绪，建议停止如此大规模的犹太移民潮。这时候，大约950万犹太人生活在欧洲，大部分居住在城市里；德国大约分布着近50万人，是欧洲最大的犹太人聚居地。欧洲犹太人刚开始并不愿意搬到巴勒斯坦。

到了这年夏天，爱因斯坦同意在柏林郊区的家中与印度诗人泰戈尔会面。根据记述，泰戈尔身穿具有外国风情的印度长袍来到爱因斯坦家，他显眼的白色长须梳得一丝不乱，看起来颇有神秘主义的感觉。他们进行了两次对话，一次在柏林郊区的家中，另一个在附近一个朋友布兰诺·曼德尔的庄园里。两位诺贝尔得主畅谈真理、美和音乐，爱因斯坦继女玛戈特的丈夫马里安诺夫做记录。马里安诺夫后来把泰戈尔描述为“具有思想家头脑的诗人”，而把爱因斯坦描述为“具有诗人头脑的思想家”，两个人的聚会就像是“两个巨星的对谈”。爱因斯坦和泰戈尔的对话富含这两个伟人对创造力和哲学的洞察，展示了他们对艺术特别是音乐的共同兴趣。在第一次对话中，他们俩讨论真理和事实的本来面目问题，爱因斯坦想知道真和美是否能相互独立地存在于人的精神中。第二次对话则在曼德尔的别墅，两个人谈论家庭、德国的青年运动等问题，然后又把话题引导到西方和印度古典音乐的差异。泰戈尔后来回忆与爱因斯坦的会面说：“他像充过电的白头发，闪亮有神的眼睛和温和的举止就是我对他的印象，他所思考的是如此抽象的几何和数学原理……在我看来，他是一个很看重人与人之间关系的人，他很乐意跟我的交流，并且深得我心。”

1930年10月，爱因斯坦到比利时首都布鲁塞尔参加平生最后一次索尔维大会。他照例拜访比利时王后一家。他们在一起演奏乐器，并共进晚餐。他给爱尔莎的信中说：“就我一人跟王后一家一起共进晚餐，甚至没有一个仆人陪伴在侧，我们共享了一些蔬菜，如菠菜、炒鸡蛋、西红柿等，一顿便饭而已，我和他们在一起非常高兴。”参加完大会离开比利时，他回到瑞士苏黎世故地重游。他在那儿接受了母校苏黎世联邦技术大学授予的荣誉博士学位，并且作为嘉宾参加母校75周年庆典。

爱因斯坦计划1931年12月第二次访问美国，此次东道主是加利福尼亚的加州理工学院。临行前，爱因斯坦同意为纽约《时代》杂志写一篇关于宗教的文章，题为《宗教与科学》。包括这篇文章在内，爱因斯坦在1927年至1932年期间写了许多封信和文章勾勒出他的个人宗教信仰。在宗教信仰方面十分保守的美国，宗教问题远比在欧洲更加敏感，所以他的这一关于信仰问题的表态一度在美国引起轩然大波。在这篇被一些宗教信徒认为具挑衅意味的文章中，爱因斯坦表示他所信仰的是一个“宇宙的宗教”，对他来说即是对生命和宇宙更崇高、更深入、更博爱的响应，而不是任何自古以来流传下来的有组织的宗教形式。他宣称：“我所谓的宇宙宗教体验是我进行科学研究最强烈、最崇高的内在动力；信奉宇宙宗教的天才们，不论他们的年纪大小都是经过这种宗教情感的洗礼，拥有了这种情感就会知道世上没有什么教条、没有任何上帝能够骗过人类的想象力。照我看来，艺术和科学的最大作用就是在于唤醒这种宗教情感，让它在有志于科学与艺术的人心中永续存在。”这是一个“奇迹般的秩序，表现在所有自然现象中以及思维世界中”。对于这种宗教的信徒，“以敬畏为基础的宗教对他们毫无作用。一般宗教中所谓上帝的奖赏和惩罚对他们来说难以想象”。因为爱因斯坦所倡导的“宇宙宗教”与现有有神论宗教的教义很不相容，许多美国人因此误认为爱因斯坦是一个无神论者，实际上并非如

此。甚至深为爱因斯坦尊敬和崇拜的美国天主教大主教福尔顿·J.西恩看到这篇文章也颇有微词，他讽刺说："爱因斯坦的'宇宙宗教'只有一个缺点：在'comic'（滑稽的，无稽之谈的）这个单词里多加了一个's'，即'cosmic'（宇宙的）。"主教在这里讽刺爱因斯坦的"宇宙宗教"是"无稽之谈"。

爱因斯坦其实是一个以自己的方式笃信所认同宗教的虔诚信徒，只不过他的宗教不属于现存有组织宗教而已。正如他自己常声称的，他相信的上帝是17世纪荷兰犹太人哲学家布鲁克·斯宾诺莎所主张的上帝。爱因斯坦曾向一家犹太人报纸解释过，这个上帝"将自己融入所有的存在中，但不是以有形的上帝的形象出现，高高在上地以救世主般的怜悯，关心人类的命运和主宰人们的活动"。他还在给其他人的信中也提到，对他而言，宗教是谦卑地崇拜更高级的精神，这种精神通过我们对世界的理解来展示其自身。在他后来为另外一家杂志所写的《我的信仰》一文中，他再次表明了自己的信仰和人生观。他在文中写道："我从来没有把安逸和快乐当做最终的追求——我把这种追求当做猪圈理想……一直以来引导我人生的是……是真、善和美。"他的一生就是努力在这个由上帝创造的差别万千的世界中追问，如何透过现象弄清事物的真正本质。

九
再赴美利坚

我不愿在法律无力保护人们享有平等、自由的演讲和教学的权利的国度中生活。

——1933年4月5日爱因斯坦决定永久离开德国时给普鲁士科学院的信

1933年12月份，爱因斯坦夫妇到达美国。客轮先在纽约靠岸停留五天，然后再往西到加利福尼亚。他们俩每天都要接待当地好奇的媒体采访。其他如政府官员、当地有名望的人和各色组织代表也纷纷来访。夫妇俩每天都要花大量时间来处理这些来访，不过各有分工。爱尔莎负责全面处理这些折磨人的礼节性会见，当爱因斯坦与别人合影、作即席演讲或其他事如签名等，爱尔莎就会向美国人收费或要求他们捐款，并将这些钱都直接放入一个慈善箱，用于慈善用途。为了应付这些事，夫妇俩每天都累得筋疲力尽才回到客轮的头等客舱。

应付完这些原先没有想到的日常杂事，并很快安排了与当地名流的会面之后，爱因斯坦一行继续从纽约往南航行到加勒比海。他们在古巴停留了两天后再往南通过巴拿马运河，沿墨西哥海岸转向西北方向，往加利福尼亚航行。在这段航程中还经停圣地亚哥港，与纽约同样的各种社会活动接踵而来。离开圣地亚哥，一行人直奔加州帕萨迪纳，他们在加州理工学院附近的一个小村庄住下来，这里的环境让他们感到十分亲切。在加州的宜人的阳光下，隐居在棕榈树和柑橘林中，让爱因斯坦夫妇觉得恍若生活在天堂里。

1931年年初在加州这个伊甸园度过的两个月里，爱因斯坦一如既往坦率直言，这种口无遮拦的率真使得他在保守的东道主眼中成为了一个争议人物。他在许多讲演中毫不留情地鞭挞军事主义、赞扬和平主义，并向加州理工学院的学生们建议说，他们追求科学事业的同时必须首先对人类及其命运有所关心，“从而使我们心智的成长成为人类之福祉而不至于成为人类利益的诅咒，希望你们在今后的学习中千万不要忘记这点”。他还到了加州威尔逊山天文台拜访天文学家埃德温·哈勃。在此期间，加州理工学院急切希望获得这位当今世上最有创造力的物理大师加入学校教授行列，校方给爱因斯坦开出非常具有吸引力的薪水和工作条件，希望他不论什么时候想永久移居加州，随时可以到学校任职。

在南加州居留期间，与科学无关的活动和娱乐当然包括到好莱坞观光。他被邀请观看一场在德国被禁止播出的电影《西线无战事》，这部电影再现了在第一次世界大战中士兵们战斗和死亡的经历。他们也成为查理·卓别林的座上宾，受邀观看卓别林《城市灯火》电影的首映式。爱因斯坦和卓别林这两个各具超凡魅力和过人才能的传奇人物的合影在媒体报纸上传播甚广。爱因斯坦回到德国，给朋友写的信中提到卓别林时说，他是一个即使在真实生活中也很有风度的人，跟他在电影里一样。他还会见了其他美国名流，如海伦·凯勒、社会批评家厄普顿·辛克莱和社会主义者诺尔曼·托马斯。

1931年3月，他们开始踏上返回的旅程，先从加利福尼亚坐火车到纽约，途中在亚利桑那州大峡谷地区的霍皮印第安人保护区参观。当地的霍皮印第安人出于对爱因斯坦和平主义倾向的赞赏，送给他一个表示和睦共处的和平烟斗，并且他们还语带双关称爱因斯坦是他们的“伟大的亲戚”，与爱因斯坦最杰出的贡献相对论形成一语双关的意义。他们在旅途中还在芝加哥停了一站，爱因斯坦在这个美国最大的汽车制造基地作了一次和平主义演讲。回到纽约，他的日程依然排得很满，在不到一天的时间里，他在阿斯特饭店为巴勒斯坦所作的募捐演讲中，先是要求和平主义者应该采取激进的行动，还号召犹太人在定居过程中应该与阿拉伯人共同合作。他们于当天半夜时分登上回程的客轮离开美国起程回德国。这时德国的政治前途已陷入危险境地，爱因斯坦离开的日子里，局势变得更糟糕。

刚刚从美国之行的鞍马劳顿中休整过来，爱因斯坦马上又开始在国内继续其繁忙的工作。他先提交了两篇论文给普鲁士科学院，然后当年五月到英国待了一个月。他英国之行主要是应英国罗氏之邀在牛津作一系列讲座并接受该校颁给的荣誉博士学位。1931年夏天从英国回来后，爱因斯坦待在柏林郊区小村庄开普什的家中，决定继续他呼唤和平的使命。他已确信德国在阿道夫·希特勒的领导下正在变成一个具有侵略性的独裁国家。由于忧心可能爆发的战争，他写了无数的信件并发表了很多和平主义的声明，号召人们抵制军事主义的兴起，拒服兵役。为了响应比利时弗莱芒和平主义示威游行，他写了《好战分子的和平主义》一文，号召裁军并希望未来的世代“把战争看做是先民们不可思议的精神失常的行为”。由于十分担忧德国的政治局势和周围越来越普遍的极端民族主义情绪可能波及自己和家人，爱因斯坦开始考虑再次放弃自己的德国国籍并离开这个国家。

为了防范未来在德国可能出现的变故，爱因斯坦与加州理工学院签署了一份合同，同意在这年冬天到这个学院至少担任一个临时职位，这样他就可以有更多的时间考虑未来的规划。

与此同时，世界上的物理学家们继续在研究方面取得进展。德国物理学家沃尔夫冈·泡利在苏黎世工作时，预言存在一种“中性的东西”即“中微子”。他用这种粒子的存在来解释能量在贝塔衰变时的去向。二十五岁的奥地利逻辑学家卡尔特·哥德尔发表了一篇论文，其中包含著名的“不完全性定理”，即不论在哪一个特定的数学分支中，都存在用这一数学分支中的公理和定理无法证实或证伪的一些命题。（爱因斯坦在普林斯顿高级研究所时会认识这两个人。爱因斯坦和哥德尔经常一起在普林斯顿的大街上一起散步，讨论物理学问题。哥德尔是一个行为古怪的人，常怀疑吃的东西被下毒，后来因疑心病竟然把自己活活饿死。）最后，厄内斯特·劳伦斯的“粒子加速器”或回旋加速器也在这时起在加利福尼亚的巴克莱进入正式运作。

这年12月，爱因斯坦和爱尔莎再次登上到美国加利福尼亚帕萨迪纳的海轮。途中，他们到比利时和荷兰稍作停留。到达目的地时已至年底，他们在帕萨迪纳的棕榈树和阳光下度过难忘的1932年元旦，这时世界性经济萧条的阴影在美国开始显现出来。在这次居留期间，爱因斯坦不改以往的率真，继续作赞成和平主义的讲演，而且直言不讳地评论美国存在的种族歧视现象，经常让周围的人相当尴尬。在写给美国国家有色人种进步协会（NAACP）官方刊物的一篇文章中，他批评了在美国亲眼目睹的猖獗的种族偏见现象，这些现象至今还在美国南部时常发生。

这次在加利福尼亚度过的两个月里，爱因斯坦遇见了一个让他下半生的生活发生巨大变化的人，他就是美国著名教育改革家、基金会召集人和哲学家亚伯拉罕·弗莱克斯纳。他以高级研究所建院负责人的身份求见爱因斯坦，是为了一个拟议中的新学院而与爱因斯坦进行接触，征询他是否有意向为这所新学院工作。他告诉爱因斯坦，这个拟建中学院的宗旨是，囊括世界上理论性学科的顶尖学者到这个学院做研究，只研究理论，不需要实验室。普林斯顿高级研究所其实1930年原则决定要设立，它是由两位富有的美国新泽西州商人出资捐建。爱因斯坦对弗莱克斯纳的建议相当感兴趣，不过他还是希望获得进一步的介绍。为此，他同意与弗莱克斯纳在这年春天再见一次面。正好两人都有计划到英国牛津大学，便约定将再见面的地点安排在牛津大学。爱因斯坦明白自己终究是要离开德国的，但从当时的情况看，他还对欧洲恋恋不舍，更倾向于尽可能留在欧洲。在他心目中瑞士或荷兰都是较好的选择。

1932年早春，爱因斯坦到剑桥大学作几场学术讲座，然后访问牛津大学。离开牛津前，他和弗莱克斯纳再次如约会面，两人讨论进入高级研究所工作的事情。当弗莱克斯纳告诉他这个研究所将建在他十多年前去过，并作了一系列讲座的普里斯顿大学，爱因斯坦的兴趣一下被提起来，显得更有意愿故地重游到普林斯顿工作。此外，弗莱克斯纳还承诺为他提供一个有吸引力的职位——这个职位允许他只需在学院里工作半年，剩下的半年可以自由支配，回到柏林或英国或任何他想去的地方。一年半后，1933年的10月，爱因斯坦接受了这份工作，正式移居普林斯顿。在此期间，爱因斯坦第二次成为祖父，汉斯的妻子弗里达在苏黎世再次诞下一个男孩，取名克劳斯。

这一年苏联遭受严重的饥荒。苏联境内的犹太人大部分赞成犹太复国主义，继续大批进入巴勒斯坦地区，在那儿开始祖居地的新生活。在德国，颇得民心的兴登堡再次当选为德国总统，比挑战者希特勒多得七百万票。奥地利出生的希特勒为了能在大选中与兴登堡将军一决高下，特意在1932年2月申请获得德国公民资格。兴登堡虽然赢得总统选举，但纳粹势力却拿下了议会多数席位。兴登堡刚开始并没有任命希特勒为总理，而是任命了别人。为了与占多数席位的反对党合作，他作出一定妥协，任命希特勒为副总理。但是希特勒的野心已不满足于当副总理，他的狼子野心除了德国总理看不上其他任何职务。

爱因斯坦在这个危险的政治气候下并没有被吓倒，一如既往勇敢地表达政治见解，不过他已意识到纳粹最终掌权将不可避免。1932年夏天，他依然无所畏惧地反对即将到来的纳粹统治。他这年中最后一次倡导和平的行动是加入与德国哲学家、心理学家西蒙德·弗洛伊德的书信交流，探讨战争发生的原因和组织战争的方法。国联知识分子合作委员会第二年将两人往来的信件出版。爱因斯坦在通信交流中指出："通向国际安全之路依靠的是无条件放弃部分国家主权。"从中可以得知，从此时开始考虑倡导建立一个世界政府，他希望通过这个方式至少达到武器控制的目的，就像他后来所声称的"这是维持和平的唯一途径"。

12月，爱因斯坦和爱尔莎第三次登上去美国的客轮，这次的目的地是加州理工学院，他决定接受该学院提供的学术研究工作。在申请签证的时候还有一个小插曲，因为他在德国颇具影响的"激进"主张和活动，美国领事在爱因斯坦进入美国之前要求他在一份声明上签字，声明他不是任何破坏性组织的成员。兵荒马乱的情形下寄人篱下，一向傲气的爱因斯坦也不得不低头，捺着性子在文件上签了字。离开德国前，他告诉普鲁士科学院的同事和留在欧洲的家人，他们会在明年 4 月回来。

在德国，纳粹国家机器把犹太人和共产主义者从公共部门、大学和各种组织肃清的活动正在有系统地推进。美国报纸和杂志1933年首次报道德国存在秘密集中营。德国纳粹在巴伐利亚的达豪修建了集中营并在1933年3月开始关押第一批共产党人和其他纳粹的政治敌人。纳粹集中营很快因为其严酷刑罚和对政治犯的虐待而恶名远扬，集中营里的犯人基本上沦为纳粹的苦役。1937年，另外一个集中营布赫瓦尔德也修建完成投入使用，主要用来关押德国共产主义者，从1938年开始，犹太人也陆续被送进去，纳粹的反犹太人运动已开始。然后，同性恋、吉卜赛人、基督教耶和华见证会的会众和一些神职人员也陆续被押送到这里。

1933年2月，爱因斯坦还在加利福尼亚州帕萨迪纳时，德意志魏玛共和国国民议会大厦被人纵火烧为灰烬。关于火灾的原因众说纷纭，有人说是纳粹分子放的火，有人又说是共产主义者放的。也许两种版本都是对的，但受益者无疑是纳粹党人。据说这场大火是纳粹分子唆使一位精神有毛病的共产主义同情者放的，这样纳粹就可以将所有过失都推到共产主义分子身上，借机进行大肆谴责和迫害。在德国的朋友建议爱因斯坦现在不要返回德国，政治局势已太危险，他在德国成了纳粹通缉捉拿的目标。不过，纳粹对爱因斯坦的迫害倒主要不是因为他的犹太人身份，而是因为他

直言不讳的自由主义政治观点对纳粹专制统治产生威胁。此外，纳粹当局的宣传机器出于纳粹利益需要，大肆诬蔑爱因斯坦的书是不名誉的剽窃，而且恶毒攻击他人品有问题。不过爱因斯坦对此依然显得镇定自若，当得知纳粹当局出两万马克要他的人头，他还开玩笑说没想到自己的脑袋值这么多钱。

意识到无法再回柏林之后，爱因斯坦和爱尔莎不得不另作打算。他2月底在给朋友的信中说："考虑到希特勒的穷凶极恶，我可不敢再踏上德国的土地。"夫妇俩还是想回到德国之外的欧洲其他国家。离开美国加州帕萨迪纳前，爱因斯坦向新闻界发表声明称他将辞去普鲁士科学院的职务，并号召全世界对纳粹的统治进行"道德干涉"。他在声明中宣称："如果能让我选择的话，我只希望留在拥有充分政治自由、社会宽容、在法律面前公民一律平等的国家……这些基本的要求在目前的德国都不具备。"德国国内反爱因斯坦情绪变得十分高涨，当得知他不再回到柏林后，柏林的报纸头条以大字标以"关于爱因斯坦的好消息——他终于不再回来了！"对此，爱因斯坦还相当谨慎，克制着不去责备全体的德国人对纳粹的掌权的支持。不过爱因斯坦的声明激怒了相当一部分德国人，包括他在德国时的一些老朋友，如麦克斯·普朗克，他也公开谴责爱因斯坦的立场，责备他不应该在外国发表这样的声明羞辱德国。所幸爱因斯坦和普朗克这两个伟人是如此惺惺相惜，对各自都怀有崇高的敬意，他们后来最终克服了相互之间的不同意见，继续保持良好的朋友关系到最后的岁月。

3月，爱因斯坦夫妇坐火车离开帕萨迪纳。他们跟上次一样，在芝加哥作短暂停留再继续往南到达纽约。中间绕道造访了普林斯顿，这是坐落在纽约南边的一个大学村，离纽约大约一小时路程。他们专程考察未来可能安家的地方。3月底，他们乘客轮穿过大西洋在达比利时上岸，他们在这儿暂时居住在朋友家，关注着欧洲局势的发展并考虑未来生活和事业的选项。还在返回途中，爱因斯坦3月28日写了一封给普鲁士科学院的辞职信，他在信中表达了19年来科学院为他所做的一切的感激之情，但他写道，在目前的情况下，"投靠普鲁士政府……让人无法容忍"。同时，科学院的一些同僚已看到爱因斯坦在海外发出的反对德国政府的声明，从他们的立场出发，对爱因斯坦的行为也相当愤慨，正酝酿着要把他逐出科学院。普朗克当时是科学院的负责人，正在左右为难之际，爱因斯坦主动提出辞职的信无疑让他松了一口气，不必在维护好友与平抚科学院内怒火之间备受煎熬。爱因斯坦夫妇在比利时海滨的一个小村庄临时住下。这个小村庄十分静谧，景色优美，周围有小沙丘环绕。他们就在这住了大约半年，比利时政府专门派出安全人员负责他们的安全保卫工作。1933年4月，爱因斯坦的私人秘书海伦·杜卡斯和他所器重的研究助手沃尔特·迈尔从柏林赶来与他们会合。玛戈特和丈夫迪米奇已逃到巴黎，艾尔丝和她丈夫鲁道夫则还待在柏林。在比利时居住期间，爱因斯坦一家还经常到比利时王后家做客。

7月，爱因斯坦在柏林的房子、帆船和银行账户都被纳粹当局以“为了普鲁士国家的利益”的名义没收，其依据是，相关的法律规定国家可以“没收共产主义者和任何与国家为敌者的财产”。艾尔丝和鲁道夫尽力挽救在柏林和开普什家中的物品和财产。在法国大使的帮助下，他们设法将爱因斯坦的藏书和论文稿通过外交密件袋运送到法国。爱因斯坦的大钢琴和一些他最喜欢的家具也被转移到安全的地方，然后在法国装船运到美国的纽约，再转运到普林斯顿。因为爱因斯坦此前已考虑到了这些可能的危机，所以把钱从柏林银行里转到国外银行的账户，所以金钱方面的损失还不至于导致经济的窘迫。他对银行账户被没收相当达观超然，在给朋友麦克斯·波恩的信中说无论如何他和爱尔莎很快就会度过这段困难时期。

爱因斯坦接着辞去了在德国机构中所有的兼职，并宣布第二次放弃德国国籍。在仔细考虑现有工作机会之后，他决定接受弗莱克斯纳的新提议，即接受在普林斯顿高级研究所（IAS）定期的，长期不变的研究职位。这个研究所的工作对他来说太理想了，简直就是为他量身定做似的。从那时起一直到现在，普林斯顿高级研究所一直沿用这一研究体制，里面的研究员不用从事教学工作，而且根据其网站介绍，该研究所“没有正式的课题、学位计划、课时表、实验室或其他试验设施；专注于探索最基本的知识，从事不指望马上出成绩或进行实际运用的基础研究领域；因此，研究所的研究工作从长期看将是引人注目的……研究所与其他教育机构不存在正式的联系，但本研究所在建立过程中与普林斯顿大学及其他附近的机构结成了密切而相互协调的关系”（http://www.iaa.edu）。此外，研究所的研究人员的薪水相当可观，为此有人还不无眼红地称高级研究所的缩写IAS（Institute of Advanced Study）应该是高收入研究所（Institute of Advanced Salaries）的缩写才对。研究所虽小，但环境十分优美，坐落在一片古老森林的边上，园区宽大而绿草平整覆盖，后院的中间有一个风景如画的小湖泊，很有点田园风光的感觉。这样优美的环境中，热爱独立、自由地思考的爱因斯坦可谓如鱼得水，可以自由自在地在静谧安详中与同样顶尖的同事们一起探索科学海洋中的奥秘。

1933年是多灾多难的一年，家事的不如意加深了爱因斯坦那时的困顿和落魄。他在1932年秋天便知道当时正在瑞士一个医学院学习的小儿子爱德华患上了精神分裂症。这孩子从小就体弱多病而且性格敏感，但爱因斯坦听到这个消息还是大吃一惊。他知道，以那时的医学水平，没有太多办法可以医治儿子的病患。爱德华可能遗传了米列娃家族的一些基因，她的一个姐姐就患上了精神分裂症（在米列娃的家族中，她姐姐佐尔卡也患有精神分裂症，后来死在一个仓库的草堆里，旁边围着她收留的四十三只猫）。同时，二十岁的他必须面对医学院繁重的学业，这极有可能是患病的诱因。爱德华被送到瑞士的一家疗养所养病，病情缓和后才出院，并很快回到学校上课。爱因斯坦最后一次见到爱德华是1933年在瑞士的一家精神病院里，这次见面对爱因斯坦来说是撕心裂肺的，看到儿子变成这样他非常伤心。在最后的相聚中，他为儿子妥善安排了经济上的保障。米列娃承担起照顾儿子的大部分事务，一直到她1948年去世。她在以后的日子里在家十分尽心地照顾爱德华，但儿子的情况却每况愈下，最后不得不再次住进医院并且在那儿长期接受治疗，只是偶尔回家一趟。米列娃坚持不懈地去探望儿子，虔诚地希望他能好起来，一直到她自己也病倒了，不幸罹患中风。从此米列娃的身体状况也不行了，几年以后便去世了，享年七十三岁。爱德华也于1965年五十五岁时在精神病院里去世。

旅居在外的爱因斯坦和爱尔莎1933年6月到牛津大学待了一个月。在那儿他首次作了赫伯特·斯宾塞演讲，探讨理论体系的发展——所谓的

"偶尔被描述为神秘和令人敬畏的一些事"——和科学研究中纯粹理性的作用。他第一次用带有很明显口音的英语作演讲，认为纯粹理性可以抓住客观真实，还用数学概念来进行证明。在英国期间，他拜访了英国首相温斯顿·丘吉尔。爱因斯坦回忆起对丘吉尔的印象时称，这位英国的战时硬汉是一个"聪明异常"的人。他称丘吉尔对德国正在增长的危险与他持有同样的警惕，认为英国应该做好应对法西斯战争的各方面准备。

他在英格兰还作了另外一个演讲，然后在苏格兰度过在英国的最后十天，他在苏格兰的格拉斯哥大学的讲演中提到了广义相对论，因为这个演讲的发起人希望他讲讲自己科学成就的历史，他选择广义相对论作为这次演讲的主题，按他自己开玩笑的说法，为自己的东西脸上贴金比往别人的东西上贴更容易些。在这篇演讲中，他回顾了影响他最终发现理论的前辈物理学家的理论和想法，也勾勒出发现自己理论时必须克服的困难。7月，他从英国回到比利时。

爱因斯坦和平主义的幻想终于归于破灭，他放弃倡导通过退让而实现和平，反之，他一次又一次地警告世界，德国已准备再一次掀起世界大战。尽管很不情愿，但他的理性告诉他，一些与他渊源颇深的欧洲国家正处于极度危险之中，如比利时。他认为这些国家别无选择，只有依靠强化本国的军事力量才能抵抗强大而邪恶的敌人。在当时情况下，他声称如果可能，他将会毫不犹豫地参与保卫欧洲文明、抗击纳粹的战斗。他在内心深处仍然是一个和平主义者，但希特勒的残忍和反人类的罪行让他忍无可忍，终于拍案而起投入倡导以正义战争终结邪恶战争的运动中，认为只有当军事独裁主义和纳粹分子被消灭，和平主义者才能真正实现天下太平的理想。由于他临时改变立场，一些和平主义领导人指责他是个见风使舵的变色龙，背叛了原先和平主义追求。即使面临诸多指责，认准了纳粹本质的爱因斯坦依然坚持，必须与德国的军事威胁作斗争。

9月，爱因斯坦已作出离开欧洲到大洋彼岸的抉择，他们一家回到英国住了四周，然后从那里乘船出发到美国。他于1933年10月3日在英国伦敦的皇家艾尔伯特厅作了最后一场鼓舞人心的反纳粹演讲，这是他在欧洲的最后一场演讲。他在演讲中提醒听众，欧洲正在经历一场迫在眉睫的危险，并赞扬英国人民对民主传统的忠诚和坚守。他总结说：“只有经历危险和剧变，国家才能走向更进一步的发展。”英国人很喜欢这个直言不讳的科学家，根据《新政治家》杂志中一篇文章所述，人们把他看做是“勇敢、慷慨的流亡者的象征，心灵纯洁、精神乐观”。

十
定居在美国

我对美国的科学研究机构仰慕已久。把美国在科学研究方面的日益领先，仅仅归因于其无可比拟的财富是不公平的。大量投入、耐心、团队精神和人才合作在美国科学的成功中扮演了重要角色。

——1921年爱因斯坦接受采访时的记录

爱因斯坦、爱尔莎夫妇和秘书杜卡斯在法国巴黎短暂停留，1933年10月10日登船开始穿越大西洋之旅，艾尔丝和玛戈特两姐妹及其夫婿都决定暂时留在欧洲，没有一同前往。10月17日，一行人到达普林斯顿，到那儿的第一个晚上被安排在城中维多利亚式大厦中那家叫孔雀旅馆的住宿。几天以后，他们搬入市中心附近图书馆大街拐角的一处暂时住所。他们的新住所刚好位于普林斯顿大学暂借给高级研究所的数学大楼和正在修建研究所新址的中点。一年半后，他们家搬入离原先居住地不远的马舍尔大街112号的永久居所。自此，时年五十四岁的爱因斯坦和五十七岁的爱尔莎在新大陆开始了他们新的生活。爱因斯坦是高级研究所的第一批职员，同他一起进入研究所的有数学家奥斯瓦德·维布伦、詹姆斯·亚历山大、约翰·冯·诺伊曼和赫尔曼·魏尔，从此他再也没回过欧洲。

在美国的生活是稳定而安全的。经过多年流离失所，爱因斯坦终于在这个动荡的时代找到了一个安全的天堂，即使在大萧条时期他的生活也没有受到多少影响。他渐渐地融入美国的学术、人道主义和政治活动中，他对这些事务一直保持着关心和兴趣。然而，作为在一个陌生国家的新居民，爱因斯坦很谨慎地在公众场合不表现得太直言不讳，特别是在政治和犹太人问题上更是小心翼翼。为了让他不至于太深地卷入社会杂务和政治纷争，他的新上司、高级研究所所长亚伯拉罕·弗莱克斯纳对他保护备至，有些时候这种保护甚至有点太过了。当美国总统富兰克林·罗斯福邀请爱因斯坦访问白宫时，弗莱克斯纳竟然自作主张地告诉罗斯福说爱因斯坦不想在公众场合露面，希望过平静的生活，替爱因斯坦婉拒了总统的邀请。当爱因斯坦从美国财政部秘书后来的来信中得知总统邀请这件事，他对弗莱克斯纳的做法十分愤怒，当面质问他为何自作主张，并向研究所的理事会抱怨，并威胁说如果弗莱克斯纳再继续如此做法他将辞去研究所的职位。同时他写信给罗斯福总统表达歉意，并声称很愿意会见总统阁下。1934年1月，罗斯福总统通过信件再次邀请爱因斯坦到白宫做客，他和爱尔莎很高兴地接受了邀请。根据秘书杜卡斯的记述，即使在这样正式隆重具有纪念意义的场合，爱因斯坦还是光脚穿皮鞋。爱因斯坦后来说，他很遗憾罗斯福总统总是那么忙——不然的话，他还会再去拜访几次。

在美国的新工作岗位上，他获得比以往更稳定、丰厚的经济来源。除了在外国银行中的存款，还能获得相当于当大学教授两倍的工资——这在经济萧条时期可是实实在在的福利。此外还有他的演讲费，也是一笔不菲的收入。如果他想过得奢侈一些完全有能力，但他的生活还是很简单，甚至比他在德国学术界时还要简单一些。可能是欧洲很多人都在遭受牺牲和困苦，爱因斯坦良心上也希望过不张扬的生活。妻子爱尔莎则希望一种稍微体面一点的中产阶级生活方式。不过，出于对帆板运动的爱好，他买了一个小帆板，以便到普林斯顿那个风景如画的小湖泊里玩冲浪。

在美国的生活中避开政治一段时间后，爱因斯坦重新开始把精力放在人道主义活动上。他在美国做的第一件事是在纽约举行小提琴独奏义演筹集资金，帮助那些逃离德国的科学家。他在政治问题上的沉默没有持续多久，很快又开始为他的政治主张奔走呼号，那就是建立一个世界政府。他认为通过一个中央集权的组织来掌管全世界的武器是反抗法西斯主义的最好方法，能够有效地保证世界的和平。

1934年5月，他们得知大女儿艾尔丝在巴黎病危的坏消息。爱尔莎赶紧乘船奔赴欧洲陪伴在女儿身边，但是他们的大女儿还是在同年7月去世，年仅三十七岁。这年年底，小女儿玛戈特和丈夫搬到普林斯顿，艾尔丝的丈夫鲁道夫·凯塞留在欧洲定居荷兰，他在那儿忙于将爱因斯坦的著作编辑成书，该书的英文版《我所看到的世界》在美国和英国出版。爱因斯坦在这年夏天到纽约的罗德岛避暑，他在那与朋友们一起到大西洋中玩帆板。

德国的政治已在极端主义中越陷越深，纳粹法西斯分子和奉行不妥协路线的共产主义者在国内政治舞台上互相攻击，政府已不再对保持和平感兴趣。在这种政治气氛下，德国退出国联，并退出所有相关的军控谈判。当深得人心的总统兴登堡1934年去世后，希特勒终于等到出头之日，他急不可待地推翻了宪法规定的政府体制，宣布自己为“国家元首”，要求所有德国公民和军队向他效忠。已在纳粹党内强制推行的臭名昭著的敬礼口号“嘿，希特勒！”开始在德国全境推行，成为全国性强制规定。希特勒控制下的国家机器同意赋予他在纳粹“第三帝国”内拥有至高无上的独裁的权力，并决定压制、取缔其他所有政治党派。为了强制全面服从他的意志，控制自由主义思想，他命令焚毁所有犹太人和政敌所著的书籍，包括爱因斯坦和弗洛伊德的全部作品。

更可怕的是，病态的种族优越感和种族偏见让许多纳粹分子进入一种危险的狂热状态。任何宣扬宽容的德国人都将被拘押杀害——根据希特勒的说法，这些人大部分是犹太人和共产主义者。此外，所有现代主义艺术都被取缔，代之以所谓的现实主义，科学研究也因为新规定的颁布而备受重击。1939年前，大批的艺术家和科学家都在千方百计地设法离开德国。在邻近的奥地利，人们也生活在纳粹分子的恐怖威胁之下。奥地利保守派政治家、总理恩格尔伯特·陶尔斐斯在奥地利形成一党专制威权统治，但是他坚决反对德国提议的德奥两国合并的计划。1934年，陶尔斐斯为自己的坚贞不屈付出了生命，四个奥地利纳粹分子在他镇压国内一场民族主义—社会主义分子的起义之后，将他刺杀致死。刺杀者被当场抓获，并很快被处死，纳粹德国吞并奥地利的企图暂时归于失败。6月，希特勒开始将德国国内许多政治和军事反对者转移到集中营加以杀害，并整肃纳粹党内他不信任的人。他获知纳粹党内有人在谋划一个针对他和政府的阴谋，对此他下令杀了不少人。

20世纪30年代中，原子科学获得大踏步的发展，并在40年代开始对世界造成深远的影响。1934年，原子科学的泰斗玛丽·居里（居里夫人）去世了，她女儿约里奥—居里及其丈夫弗里德里克·约里奥—居里首次通过阿尔法粒子轰击元素的方式获得人造放射能。在他们的实验里，钋元素经过阿尔法粒子的轰击，分解出带有正电荷的氦原子核。由于受这项研究的吸引，罗马大学的物理学家恩里克·费米决定利用从放射性铍元素中获得的中子取代阿尔法粒子来做类似的实验，在实验中他让中子先通过石蜡以减低速度，结果发现慢速中子轰击产生反射性粒子特别有效。然后他又用同样的办法对铀进行轰击，却意外获得一种当时尚不知名的物质。费米当时还不确定发生了什么，他没有意识到自己正处在一个震惊世界的发现边上：他轰开了原子，这是原子能连锁反应的必经步骤。

爱因斯坦的老朋友里奥·西拉德也在这时候悄悄地提交了中子触发连

锁反应的专利申请。第二年，他将该技术转让给英国海军部，希望使专利成为保密技术。西拉德也看过哈伯特·韦尔斯1914年出版的科幻小说《解放世界》，就是这本书给他灵感，立志要造出或发现一个原子连锁反应。韦尔斯的书中预言了一个发明，可以加快放射性衰变的速度，并能成为“正常”的炸弹，但这种炸弹一旦爆炸引起的连锁反应能够持续很长时间。

西拉德是一个应给予高度评价的科学家，应该在这儿特别提及。他是匈牙利人，因为对原子物理、热动力学、原子能和分子生物学的巨大贡献而闻名于世，也是匈牙利物理学界“四大启蒙人物”之一，跟他并列的是物理学家爱德华·特勒、尤金·魏格纳和汉斯·贝特。他的思想和申请的专利，除了上边提到的中子诱发连锁反应机制以外，还包括回旋加速器、线性加速器和电子显微镜。由于他在提出这些想法时不利的经济和政治情况，阻止他进一步发展并制造出实物。其他人则在他的想法的基础上加以扩展，并且从中获利不少——甚至有人剽窃他的想法而获得诺贝尔奖。西拉德也是1939年8月给富兰克林·罗斯福总统的那封著名的“爱因斯坦”之信的起草者之一。（本章将在后面述及此信）

1934年11月，爱因斯坦除了忙于科学研究之外还继续热衷于政治与和平主义宣传。他为美国教育进步协会在纽约召开的大会撰写了一篇关于教育与和平的短文在大会上宣读。在文中，他宣称美国人非常幸运，能够在学校中接受和平主义传播，因为这个国家没有受到外来侵略的威胁，没有必要在美国学生中输灌军事主义思想。他再次号召，整个国际社会通过团结达成世界总体和平，而非通过各自强化国家军事力量来保证这一点。

1935年，爱因斯坦一家在普林斯顿马舍尔大街112号买下一套住宅，离普林斯顿大学和高级研究所均不超过一英里，爱因斯坦在这个家中一直住到去世。这栋两层白色小楼房有着黑色的屋顶、木质的门廊，还有一个小庭院。爱因斯坦去世后，海伦·杜卡斯继续在此生活到去世。现在，尽管官方并未刻意营造，但这里因爱因斯坦曾经生活过，而为世界人士所敬仰，成为普林斯顿的著名景点。世界各地到普林斯顿的观光者，很多人会到房子对面的空地停留，拍下这个人类历史上最杰出物理学天才住过的地方。根据爱因斯坦的要求，去世后他的房子供给高级研究所的研究员做私人居所，所以现在那其实依然是一所普通民宅，并未刻意变成爱因斯坦的博物馆或他自己所反感的所谓纪念“神庙”。

在普林斯顿生活期间，爱因斯坦被当做一般居民看待，他的隐私也得到很好尊重，但有许多关于他的传说和逸事在此间流传。在普林斯顿邻居心目中他是一个特立独行的隐者，特别是他不修边幅的外表，以及他广为人知的一些非传统行为。人们还经常看见，他手中拿着一个圆筒形冰淇淋匆匆从街上走过，中间不时停下来逗逗小孩儿或拍拍小狗，跟理发师或其他遇见的熟人聊聊天，身穿一件旧皮夹克，衣服皱皱巴巴的，他标志性的一头白发随风微微往后飘——活脱脱一个绝妙的卡通人物造型，都不用再请什么形象顾问进行专门卡通形象设计！他的发型甚至引起好些小朋友的注意。在他遗留下来的信件中，有一个小姑娘写信提醒他要记得打理自己的头发，她写道：“我在一篇文章中看到你的照片，我认为你应该去理发，这样看起来好看一些。”在他那张由著名人像摄影师菲利普·哈斯曼所摄的著名的照片中，他也是穿着一件旧运动衫，显得十分随意。这张照片登上《时代周刊》“世纪之人”专刊的封面人物照，风靡全世界。爱因斯坦后来解释为什么讨厌穿袜子时，显示出他注重实用的观点。他说：“当我还年轻的时候，我发现我脚的大拇指总将袜子弄破一个洞，因此我此后就不再穿它们了。”

爱因斯坦去世后，人们甚至很难找出有形证据证明这个谦逊的伟人曾在普林斯顿居住、生活过这么长时间。直到最近，普林斯顿人才将一条由高级研究所私有的街道以他的名字命名，还有一个私人设立的爱因斯坦“博物馆”位于普林斯顿拿骚大街的一家服装店后，同一条街上的普林斯顿历史协会卖一些与爱因斯坦有关的小纪念品，仅此而已。不过从2005年开始，该协会在其会所中开设了专门的爱因斯坦陈列专室，里面摆放了一些有纪念意义的东西以及高级研究所捐赠的一些家具。2005年4月，罗伯特·波克斯在普林斯顿市中心大厦前捐造了一座与他所捐修的华盛顿国家科学院前爱因斯坦塑像类似的塑像。此外，在普林斯顿大学校园的琼斯厅里的研究员用的休息室里，还留着爱因斯坦的德文名言“上帝难以捉摸，但他并无恶意”，牌匾高高挂在房间的壁炉之上，不过显然上述印记并不足以让人们确信爱因斯坦在普林斯顿居住过这么长时间。

在普林斯顿住了一段时间后，爱因斯坦开始设法为自己和家人获得美国公民身份。那时，美国公民身份申请只能通过美国驻外领事馆申请才能完成。于是，爱因斯坦决定趁此机会到百慕大群岛旅游，并计划在那儿提交他的公民申请。他和爱尔莎带着海伦·杜卡斯和玛戈特，于1935年5月乘船到百慕大群岛。提交公民申请后，百慕大群岛美国领事馆为了表达对爱因斯坦的敬意，特意为他们一家举办了一次盛大的晚会尽情庆祝。这次出游是爱因斯坦最后一次到美国以外的地区。他们回到美国后顺便去马萨诸塞州观光，在那儿爱因斯坦接受了哈佛大学授予他的荣誉博士学位，然后再到康涅狄格州海边的历史胜迹欧德莱姆去了一趟。

这段时间，德国政府已准备好要推翻十七年前协约国集团主导建立的凡尔赛条约体系。它停止再向战胜国支付战争赔款，并重新开始在全国推行强制兵役制。当德国的武装力量再次强大起来之后，政府又推动通过《纽伦堡法令》。该法令首先宣称是一部“为了保卫德国纯正血统和德国荣耀的法令”。它禁止德国人和犹太人之间通婚和通奸，并禁止四十五岁以下的德国女性受雇于犹太人家庭。纳粹政府通过的第二部法律是“帝国国籍法令”，剥夺了所有犹太人的德国国籍。《纽伦堡法令》的生效意味着此前非正式的反对犹太人的措施变成明目张胆的迫害。纳粹领导人强调该法令与纳粹党的计划一致，即致力于剥夺犹太人在德国的公民权利。

希特勒的外交政策和国内建设计划在1936年3月29日的德国全民公投中以令人吃惊的98.8%的高票通过。他在欧洲的影响日益增长，许多亲纳粹的团体急切想让他们国家成为希特勒极力扩张的纳粹第三帝国的一部分。希特勒还公开宣称，将恢复德国在第一次世界大战后失落的力量和威信。许多国家和自治领土由于深受席卷世界的经济大萧条的影响，很容易成为希特勒鼓吹的第三帝国的吞并目标。但不是所有国家都急切希望加入纳粹集团。奥地利和德国曾订立条约，该国政治家乐观地认为奥地利将继续保持独立国家的地位，但这种幻想很快就破灭了，两年以后奥地利就遭到德国吞并。随着希特勒的兴起，欧洲的其他独裁者也顺着这股逆流登上统治地位，如纳粹分子西班牙的弗朗哥，意大利的墨索里尼和葡萄牙的萨拉查和社会主义者苏联的斯大林都是在这时候开始掌权。

在普林斯顿，爱因斯坦为世界各地传来的坏消息忧虑得坐立不安。他对美国国内政治的批评少了，但是继续表达他关于战争与和平的立场，倡导美国参战保卫欧洲和人类文明。他声称，为达成国际合作，单个国家牺牲部分国家主权是完全值得的，人们应该从国际角度思考问题。他还说，为了避免人类同归于尽，必须杜绝侵略行为。他坚持认为通过世界范围的教育运动，增强国与国之间的相互理解，并尊重各国不同的文化和需求，人类是能够废除战争的。他在各个学校的演讲中大力提倡开明的学校教育。1936年，在参加庆祝高等教育在美国开展三百周年庆典时，爱因斯坦在纽约州立大学阿尔巴马分校的演讲中强调，教育的目的在于培养出能够独立思考的个体，他们对生活的更高追求应该有益于其所在的社会。他敦促学校决策者不要用恐吓、强迫和人为的权威来教育学生——这些恶劣的教育方式他少年时期在德国读书时深受其害，简单粗暴的教育方式成为他一生最深恶痛绝的东西之一。

令人非常遗憾，当爱因斯坦一家逐渐在美国安顿下来，爱尔莎却没能继续陪伴爱因斯坦享受普林斯顿的新房子和新家具以及她花了好大力气精心装修的家。她1936年开始换上了严重的肾病，在接下来整整一年中都痛苦不堪。这一年中，她到过纽约北部边远地区的一个湖泊住了一段时间。自从两年前大女儿艾尔丝不幸去世，爱尔莎悲伤过度，身体一下就垮了，从此健康开始走下坡路，再也没有恢复过来。圣诞节前夕，爱尔莎在痛苦中去世，时年六十岁。不过，痛失伴侣的爱因斯坦在家里并不孤单，继女玛戈特与丈夫已离婚，回到母亲和继父家居住，还有私人秘书杜卡斯也住在他家，三年后妹妹玛雅从欧洲来到美国陪伴哥哥。此外，爱因斯坦让自己专注于工作，这使得他不会感到孤单寂寞。爱因斯坦说，爱尔莎去世后，他的生活更封闭，过着“熊一样的生活”，整天待在洞穴里与世隔绝，爱尔莎再也不会像以前那样陪伴着他进行一些社交活动。“她比我更喜欢和人交往。”他说。

这年，汉斯获得父母的母校苏黎世联邦技术大学的博士学位。第二年，他到美国看望刚刚失去爱尔莎的父亲。1938年，他辞去在瑞士的工作，也举家搬到美国，并在美国农业部找到一份工作。不过他并没有同父亲和姑姑住在一起，而是领着妻子和孩子定居美国北卡罗来纳州东部城市格林维尔。刚搬到美国那年不久，悲剧再次降临爱因斯坦的家庭，爱因斯坦的小孙子、汉斯和弗里达年近六岁的小儿子克劳斯突然夭折，可能是因为白喉。得知这个不幸的消息后，爱因斯坦给汉斯夫妇写信道："作为父母最痛苦的事降临到你们身上……虽然我跟克劳斯在一起只有很短的时间，但他跟我是那么亲，对我来说仿佛在我的身边已长大成人了似的。"克劳斯死后，伯纳德成为他们的唯一的小孩，汉斯夫妇1941年收养了一个小女孩取名伊芙琳。他们在格林维尔住了好几年，1947年汉斯成为加州理工大学伯克利分校的一名水利工程学教授。1958年，汉斯的妻子弗里达去世后，他与伊丽莎白·罗伯茨结婚。汉斯·艾尔伯特1973年逝世于马萨诸塞州的伍兹豪尔。

虽然爱因斯坦仍然作演讲，接受采访，并与物理学界的朋友们和世界各地的学者保持相当多的通信联络，但他已不再是活跃在研究一线的科学家。他发表的论文大幅减少，爱尔莎去世的第二年，即1937年一年只发表了一篇科学论文，而且还是与一位年轻的合作者内森·罗森合作发表。实际上，由于年龄增长导致科研能力的下降，他晚期的科学工作大部分是与年轻的合作者一起完成的。例如1935年与波多尔斯基和罗森合作发表的一篇著名的文章，现在称为爱因斯坦—波多尔斯基—罗森（三人名字的首字母"EPR"）佯谬的论文。他们三位高级研究所的物理学家将爱因斯坦对量子理论的批评公之于众。三位科学家在论文中提出，量子力学并没有提供对物理学现象完整的描述，因此是一个不完整的理论。这篇文章后来在物理学家中引起了很大争论，特别是1964年约翰·贝尔的著作更是将这场辩论引向深入。（见第十二章详细内容）

除了科学之外，人们对爱因斯坦英语能力的看法是很一致的。定居在美国以后，他能听懂英语也能够用英语看书，但他的年纪已达中年，要想学会说还是很困难的，所以他的英语口语一直很糟糕，经常在信中向朋友们抱怨自己学说英语的巨大困难。他能够写和说一些简单的英语句子，也能读一些准备好的英语演讲稿，但如果是时间较长的讨论或对话，一般就会使用德语。他大部分的信件和全部的论文都是先用德文写下来，然后再由秘书海伦·杜卡斯或同事翻译成英语。

爱因斯坦继续帮助从德国逃离到美国寻求庇护的难民。他帮助这些人寻找赞助人或工作机会，并在必要时给予他们经济上的帮助，甚至仅因为被一些人无法证实的悲惨遭遇所打动而向素不相识的陌生人提供援手。1938年，德国终于如愿吞并奥地利，这导致了大批奥地利难民逃难到美国。爱因斯坦没有能力满足越来越多的求助，美国当时也正处于经济大萧条中，失业率很高，工作机会也不多，实际上他意识到自己其实也是日益增长的在美犹太难民的一分子，当时很多犹太学者都逃到了美国。除了这些学者，跟他关系密切的朋友也包括一些受过教育但非学术界的人，如内科医生、艺术家和作家等，他喜欢和他们一起讨论非物理学的一些话题。

在政治方面，罗斯福总统已感觉到欧洲将有一场大动乱，便向德国和意大利发出礼节性的请求，希望妥善处理他们国内的问题，但他的好言相劝收效甚微。到了当年下半年，即1938年11月9日晚，纳粹头子、希特勒的“宣传和民意启蒙首领”戈培尔发起“打破玻璃杯之夜”（Night of broken glass），开始臭名昭著的针对犹太人的屠杀计划。这个罪恶的晚上，德国狂暴的歹徒们和新加入的帮凶肆无忌惮地攻击大街上的犹太人，冲进犹太人的家和工作的地方，闯入犹太教堂大开杀戒，这一晚大约有一百名犹太人被杀，数百名受伤，七千五百多家犹太人商铺被毁，还有数十家犹太教堂被放火焚烧，同时逮捕了三万多名犹太人送到集中营里。德国人认为这些事件是自发的，并非由政府组织的，犹太人应该自己为这个晚上的损失负责。纳粹当局抓住这个事件的机会通过法令，将犹太人在德国的商业领域清除出去，并将犹太人的商业“雅利安化”，即由正统的德国人接手。希特勒命令称，对“犹太人问题”开始进行清算，并将被最终解决。这一晚在历史上被认为是德国纳粹对犹太人大屠杀的开始。

就在德国犹太人陷入灭顶之灾时，美国飞行家、医学实验室管理员查尔斯·林德伯格从赫尔曼·戈林手中接受德国荣誉勋章，这一授勋仪式引起了美国人的愤怒。1933年希特勒被任命为德国总理后，戈林就一直是德国秘密警察盖世太保的头子。另外两个高级纳粹官员，即纳粹党卫军头子海因里希·希姆莱和另外一个党卫军负责人雷纳德·海德里希和戈林一起负责关押政治反对派的集中营的早期修建活动。第二年，林德伯格再次激怒了美国政府，他强烈批评了罗斯福的政策，总统很快作出反应，谴责了林德伯格的挑衅。林德伯格在美国的家离爱因斯坦的家不过几英里，这个飞行家始终没有交出纳粹授予他的奖牌。

爱因斯坦为犹太复国主义所作的努力也在继续。1938年，他为总部设在纽约的巴勒斯坦劳工问题委员会所作的题为《我们欠犹太复国主义者的债》演讲中，集中讲述了犹太人目前面临的糟糕境地。但爱因斯坦在演讲中乐观地说，犹太复国运动在犹太人中形成了新的社区观念，使得许多人远离反犹太主义的国家，致力于在巴勒斯坦的开创性工作。

那一年，物理学界取得了一项影响深远的巨大研究突破，成为当年物理学的头条大新闻。奥托·哈恩、利斯·迈特纳、弗里兹·斯特里斯曼和迈特纳的外甥奥托·弗里希在欧洲的实验室工作时发现了原子裂变现象。他们首次确定，用中子轰击铀元素的原子，其原子将分裂并形成连锁反应，产生巨大的能量以光和热的形式释放出来。如果这些能量在瞬间释放，将造成威力巨大的爆炸。这个实验与1934年费米所做实验类似，不过当时费米并没有马上意识到自己所获得的结果的内涵。这个有划时代意义的发现不仅在物理学领域引发了革命，也很快给世界政治带来巨大的影响。

就在这时，爱因斯坦的妹妹玛雅从意大利来到普林斯顿看望哥哥。她的丈夫保罗·温特勒因为健康原因被拒绝进入美国境内，后来搬到日内瓦住在朋友家，因为当时美国法规规定，如查出健康有问题是没有资格移民美国的。保罗赞成妻子移民到美国普林斯顿，在当时的局势下，到美国跟哥哥在一起比待在欧洲安全得多，希望等欧洲安全稳定下来后，玛雅再回到他身边。至此，爱因斯坦在马舍尔大街的家住着他本人、妹妹玛雅、继女玛戈特和私人秘书海伦·杜卡斯，还有一只叫“奇科”的狗和一只叫“老虎”的公猫，它的名字取自普林斯顿大学的吉祥物。后来家里又增加了一只鹦鹉，是爱因斯坦七十五岁大寿时朋友们送的贺礼。在谈到奇科狗时，爱因斯坦说：“这狗可聪明了。看到我收到这么多信件，它会为我感到难过，这就是它老想扑过去咬邮递员的原因。”

1939年5月，爱因斯坦在普林斯顿理论研讨会上就科学和宗教作了一场演讲，题为《我们的目标》。在演讲中，他认为科学和理性方法不能影响一个人的信仰，也就是说科学和理性的方法有其局限性。因此，宗教在现代社会生活中最重要的作用是使这个社会的价值观和目标变得明确。通常，强有力的传统将为社会的抱负和价值观提供坚实的基础，因为传统已在一个健康的社会中运作良好，证明了自身的价值，所以无须另外证明其正当性。

晚年的爱因斯坦已成为物理学最尖端领域的外行人，不再涉足主流物理学研究。他继续批评和辩论量子力学，同时坚持探索他的统一场理论，对一些与他意见相左的物理学家对他的批评意见已不那么介意。由于不能依靠自己的力量在统一场论的研究中获得突破，他在科学方面只能越来越依靠年轻的合作者们的成就获得一丝安慰。

无论如何，因其科学“天才”和人道主义活动家的名声，爱因斯坦的名字还是极具分量的，通常他参与的项目往往能获得成功。例如，1939年7月盛夏闷热的一天，老朋友里奥·西拉德在爱因斯坦到长岛的佩克尼克湾避暑时前来拜访，跟他一起来的还有匈牙利出生的物理学家尤金·魏格纳。他们向爱因斯坦通报了从铀—235中获得原子裂变的结果。他们俩担心，如果德国科学家想到了要利用原子裂变产生的巨大能量的用途的话，可能会利用这个原理来制造原子炸弹。他们举例说法国科学家弗雷德里克·约里奥，他和妻子以及费米1934年独立得出了与波恩他们类似的结果，他们已马上意识到这个发现所隐含的可能性。约里奥已向比利时属刚果订购了六吨铀矿并从挪威买来了重水，这两样东西是制造一个原子能反应堆必备的成分。重水是一般的水经过化学处理，其中两个氢原子被代之以氘原子。氘原子中多了一个中子，使得重水比一般的水重量增加大约百分之十。这种水通常用于原子能反应堆中充当减速剂和冷却剂。减速剂用于减慢从连锁反应中释放出来的中子的速度，从而使原子裂变的速度加快并使裂变持续不断。连锁反应是一种中子从原子核裂变中释放出来的过程，而释放出来的中子又引发了进一步的核子裂变。裂变又产生出中子，于是反应不断重复。这种过程可以分成两种类型，一种是受控裂变，通常用于原子能发电，另一种是不受控的，常用于核武器。约里奥的这些材料已被运送到英国存放。

爱因斯坦对这个消息十分担忧，马上同意过问此事。8月，西拉德起草了一封给美国总统罗斯福的信，提醒总统德国纳粹在战争中使用核武器的可能性。信中强调，如果德国成功地制造出原子弹而美国无视这项研究的话，结果将是灾难性的。虽然爱因斯坦马上就在信上签了名——只有他一个人在信上签名——但这封信直到10月才被送到罗斯福总统手上，第二次世界大战已在欧洲开战一个多月。战争初期，美国并没有决定参战，但罗斯福总统开始积极筹划准备未来参战计划，因此他对爱因斯坦的信所传达的重要信息表示感谢。他马上着手任命一个委员会专门研究从铀的裂变中制造原子能武器的可能。根据这个决定，美国在新墨西哥州的沙漠的洛斯阿拉莫斯开始高度机密的曼哈顿计划，研究和安装1945年让日本人吃尽苦头的原子弹。

1939年9月1日，德国入侵波兰并吞并了波兰北部说德语的波兰港口城市格但斯克。两天之内，英国和法国对德国宣战，美国当时保持中立并未马上参战。德国继续向波兰西部进发，很快拿下波兰首都华沙，并马上在那里设立德国占领军政府。与此同时，苏联企图于本土之外与纳粹德国形成一个缓冲地带；在英国，大批儿童被疏散出首都伦敦，那些在西部相对安全的地方没有亲戚的孩子被安排到好心的陌生人家暂住。一些母亲带着孩子到加拿大避难，由于纳粹德国的U形潜艇在大西洋神出鬼没，英国客轮被击沉，许多逃难的人也随之葬身大海。战争开始后，欧洲国家向美国大量订购军火和物资以备战时之需，美国的经济在外来需求的刺激下开始复苏。

战争在海外已如火如荼，美国依然有条不紊地准备1939年到1940年在纽约召开的世界博览会。展览会的主题是“明天的世界”，意在促进科学技术进步，并借助这种进步达到经济的繁荣和个人的自由。这个博览会在经济大萧条和美国参加第二次世界大战之间召开，具有巨大的象征意义，标志着世界未来的希望。爱因斯坦和家人们在博览会期间到弗拉兴牧场欣赏展览。遵从大会主办方的请求，爱因斯坦提交了一篇题为《致我们的子孙后代》的声明，存放在大会所设的时代文物密藏容器（内中存放具有时代特征的物品，以备后世研究）。在声明中，他回顾了一些世界上最有影响的科技成就，并告诉未来的世代，现在的人类正生活在经济和战争的恐慌中。

20世纪40年代初，爱因斯坦在美国新泽西州首府特伦顿宣誓成为美国公民。此时，战争在欧洲大陆四处蔓延，远东地区日本军国主义也悍然发动对亚洲邻国的侵略战争。在迫在眉睫的战争压力下，温斯顿·丘吉尔当选为英国的新一任首相。上任之初，他即向英国国民作了激情澎湃的题为《鲜血、汗水和泪水》的演讲，动员英国人准备面对即将到来的战争。德国继续入侵挪威、丹麦、荷兰、比利时和卢森堡；荷兰和比利时很快就投降，德国成功占领这两个国家。意大利也在此时向法国和英国宣战，德国军队于1940年6月中攻下法国首都巴黎。德国纳粹空军开始向英国大肆进攻，对伦敦展开大规模空袭。刚开始是日夜不停地空袭，后来由于白天飞机被英国地面防御部队大批击落，所以改为只在夜间进行。整个欧洲的城市都在疏散平民到安全的地方，以免被大规模的空袭伤及，但即使这样，平民的伤亡还是不可避免。在远东，日本法西斯开始大规模入侵中国、缅甸和菲律宾等亚洲近邻。德国、意大利和日本结成邪恶轴心——轴心国集团，相互承诺向各自提供经济和军事的帮助，以促成各自在自己战略地区的目标。在这场大浩劫中，许多欧洲的顶尖科学家，特别是犹太人科学家都争相到美国和加拿大避难。

在美国，人们再次用选票将备受爱戴的富兰克林·罗斯福总统送上前所未有第三任总统任期。为了参战阻止德意法西斯在欧洲横行霸道滥杀无辜，在罗斯福总统的努力下，美国国会通过了巨额国防预算并迅速制造五万架战机。同时国会还立法通过所谓“征兵法”在美国建立了“义务兵役制”，开始推行强制服兵役的制度，年龄位于二十一岁到三十六岁的美国男公民均被要求马上登记参军。同时，相配套的“史密斯法案”也很快

付诸实施，要求所有美国外侨和外籍居民也应报名参军。

就在日本对美国珍珠港发动突袭前一个月，美国政府终于下定决心动员大公司和技术部门共同努力，支持尽快将制造原子能武器的计划付诸实施。政府在洛斯阿拉莫斯研究基地启动了高度机密的“曼哈顿计划”，很多杰出的物理学家和技术专家都在为这个计划工作。1942年年初，莱斯利·格罗夫斯将军被任命为整个曼哈顿计划的负责人。他到任后随之任命物理学家J．罗伯特·奥本海默为洛斯阿拉莫斯国家实验室的研究主管，他的职责是主管原子弹研究开发的进展情况。

曼哈顿计划开始建设后遇到的首要的问题是，到哪寻找供给原子弹的令人能接受且足够量的原料。铀-235和钚-239是当时已知仅有的两种能够形成连锁反应并达到制造原子弹需要的物质。原子弹中的铀或钚元素发生裂变后产生的巨大能量蕴涵着强大的破坏力。当时还没有实验室可以生产出这些原料，必须另外新建两个新实验室，一个用于制造铀，另一个用于制造钚。美国政府为此在田纳西州搬迁了大约一千户农户建设其中一个实验室，政府雇员开始在田纳西的奥克里季原子弹材料研究基地（1943年前为克林顿工程基地）工作，不断从天然铀矿和铀-238中提炼铀-235。1945年，科学家们已能够生产出足够的达到制造武器级别的铀-235，运送到洛斯阿拉莫斯的基地中供给原子弹制造原料。为了制造自然界不出产的钚-239，美国政府从1943年开始在华盛顿沿着哥伦比亚河沿岸区域搬迁了一千五百户居民，建设占地面积为五十万英亩的设施。三个小村庄、一些农场和牧场永远消失了。后来这处设施被称为汉福德工程中心，成为美国原子能研究的重要中心之一。

经过多年准备，美国终于宣布参战，迅速投入反抗德国纳粹法西斯的欧洲战场。在东方，美国驻日本大使曾提醒罗斯福总统日本人可能攻击美国的珍珠港，果然不幸言中，日本法西斯于1941年12月7日突然袭击了珍珠港美国海军基地。美国和英国同时正式对日本宣战。12月10日，德国也对美国宣战后，意大利也紧跟其后。美国同样对这两个欧洲的法西斯国家宣战，第二次世界大战进入新的发展阶段。

这时候，意大利物理学家、诺贝尔奖得主恩里克·费米带着犹太裔妻子逃离法西斯统治的意大利来到美国。他与同行们一起帮助芝加哥大学研制一个受控的原子能反应堆。珍珠港事件发生一年以后，1942年12月2日下午，他们在地下实验室见证了从一个受控的原子裂变中产生的巨大能量。奥克里季和汉福德的实验室也能够用相同的方法生产用于制造原子武器的核燃料。

爱因斯坦也准备为国防科技进展尽一份力，但他却不能接触最高机密，因为美国政府尚不能给予他完全的信任，对他怀有戒心。作为一个刚宣誓成为美国公民的科学家，美国相关政府部门认为如果让他参与这一事关重大的计划是一种冒险，况且爱因斯坦的政治立场还颇具争议，他毫不避讳地与左派分子接触，这一切更加深了美国当局对他的提防。多年以来，美国联邦调查局（FBI）特工时刻关注他的一举一动，甚至在爱因斯坦去世后还在收集关于他的信息，这些信息总共达一千四百多页，至今还能在联邦调查局的网站上找到。在这些披露信息的前言里，网站声称爱因斯坦是一个共产主义者，虽然联邦调查局从信息中得出结论说他并没有表现出共产主义倾向，不属于任何共产主义组织，也没有参与任何颠覆性活动。如果联邦调查局特工知道正是爱因斯坦的警告才帮助美国如此迅速开展曼哈顿计划来保卫自由和国家，他们可能会把他当做一个对国家忠诚的美国人。后来爱因斯坦声称：“我从来不是共产主义者，但如果是，我也不会为此感到羞耻。”他认为美国人对共产主义的危险有一种神经质般的过分反应。他指出在西欧国家里，共产党实际存在于政治生活中，欧洲人却从未如此的害怕。

尽管爱因斯坦没能通过联邦调查局对他的忠诚调查为曼哈顿计划工作——当然即使通过，他自己未必愿意为之工作——他还是通过其他方式表达了自己对新祖国的热爱，成为美国海军军械局爆炸物与军火研究与发展部科学顾问，海军付给他每天二十五美元作为报酬。同事们开玩笑地说，爱因斯坦现在成了一名海军，只是不必按要求把头发理成短发。政府官员也会上门拜访爱因斯坦，向他咨询一些问题，如关于鱼雷的最佳爆炸时机等问题。为国效力、抗击纳粹贡献自己的力量让他感觉良好。不过，那时他并不知道自己被禁止参与任何与曼哈顿计划有关的事项。

1944年，爱因斯坦向美国政府提供一项捐助，专门资助美国反抗纳粹的战争基金。书籍与作者战争债券委员会，一个通过拍卖重要手稿或名人著作获得资金购买美国政府的战争债券的机构，向爱因斯坦提出是否愿意将他1905年狭义相对论文章的手稿捐献给该机构。爱因斯坦当即应允，只是可惜1905年写作的原始手稿已遗失，他只好对照印刷版本照抄一份手写的版本给该委员会。为了完成这项工作他还颇费周章，由于老人的眼神已不济，只能由秘书海伦·杜卡斯照着书念出声，他则一字一句听写下这篇很久以前的文章。在手写旧作的过程中，他时不时会停下来说，他应该对某段写得更简单一些或写得有所不同。除了这份原稿外，同样为了支持美国的第二次世界大战还捐出了另外一份论文手稿。两份手稿在当年二月份进行拍卖，狭义相对论手稿卖出六百五十万美元，另一份手稿拍出五百万美元，这笔钱在当时可谓数目巨大，即使今天看来也不是个小数目。拍卖会上，匿名的买家买下这些手稿后又将它们捐献给美国国会图书馆。

在战争中，爱因斯坦一直洋溢一种反德国的情绪，特别是听到波兰首都华沙的犹太人区暴动被残酷镇压的时候，这种情绪更是难以遏抑。根据美国大屠杀纪念馆的网站介绍，已控制波兰的纳粹军队将华沙的犹太人驱赶到一个特定的区域，1942年夏天，纳粹军队开始转移犹太区的三十万犹太人，其中二十五万准备被送到波兰特雷布林卡集中营。当得知送到集中营中的同胞被屠杀的命运之后，留在华沙犹太区的五万六千名犹太人不甘就此屈服在纳粹的屠刀下。1943年，留守的犹太人中的年轻人组成了一个秘密组织，号召那些下一批就要被送上火车到集中营送死的同胞们团结起来，反抗悲惨的命运。当德国士兵到犹太区命令登车时，犹太秘密组织成员利用秘密渠道获得的武器向德军发起攻击，迫使他们撤退。几个月后，德国军队纠集更多人再次回到犹太区，企图将剩下的所有犹太人都转移到集中营。犹太年轻人勇敢地反击，抵抗了将近一个月。但是最后寡不敌众，而且装备和给养都无法与德国相比，抵抗者还是被德军镇压下去，犹太区也被付之一炬，大约有七千名犹太人当场被屠杀，其他人则被强迫做苦役或运送到集中营处死。听到华沙同胞们的英雄义举，爱因斯坦写了两段著名的声明，哀悼华沙起义的死难者。他发出著名的对“德国这个民族”在欧洲的大屠杀的谴责，正式将批判的矛头指向德国人这个群体的民族劣根性，因为正是大多数的德国人，即使他们从希特勒的书和演讲中知道他邪恶的长期意图，依然选举他为国家的领导者。

爱因斯坦持续关注军备竞赛的问题，并于1945年3月应西拉德之邀又给罗斯福总统写了一封信。他在信中提及，大多数物理学家认为在从事秘密研究的科学家和制定政策的官员之间缺乏沟通，有些决策决定之前应该多听取物理学家的意见。爱因斯坦当时还不知道曼哈顿计划的实质意义，但可能被告知这个计划可能导致严重的后果。可惜罗斯福总统于1945年4月12日去世，还没来得及看到这封信，也没来得及看到未来一个月的伟大胜利：德国军队放弃抵抗，希特勒于1945年4月30日自杀身亡，德军官员于5月7日正式宣布投降。盟军的攻势在经过一系列艰难的胜利之后终于在欧洲战场获得全面胜利，从此5月8日被宣布为欧洲胜利日。此时，在太平洋战场上，日本人还在负隅顽抗，作垂死挣扎。

1945年，就在与日本的战争将要结束时，美国政府发布了一个题为“史密斯报告”的文件，透露爱因斯坦在1939年给罗斯福总统的信让总统意识到德国可能会获得制造原子弹的能力，因此他其实间接地推动了美国从事原子能研究。该报告完成于1945年6月，概括了原子弹研究项目的进展，并透露说，科学家和军方正急切地希望测试原子弹的威力，报告中称“该武器已被开发出来了，具有比最恐怖的噩梦还可怕的、令人难以想象的破坏力”。在报告中也披露了相对积极一些的信息，即原子能也有可能用于诸多和平用途，为人类提供无穷尽的能源。大部分专家认为，即使没有爱因斯坦的写信建议，美国也会制造原子弹，因为在技术上，当时美国和英国都已拥有制造原子弹的技术，不过由于爱因斯坦的参与，大大加快了原子弹的诞生。

1945年7月16日，洛斯阿拉莫斯国家实验室的科学家在新墨西哥州中部阿拉莫戈多的怀特桑德导弹试验场进行原子弹的试爆实验。结果表明，这次试爆非常成功，参与此次计划的科学家们都兴高采烈地欢庆成功。但他们中的许多人在成功的喜悦之后不久开始反思他们努力获得的成就，并考虑该发明可能给世界和平可能带来什么影响，更多的有识之士对原子能武器的使用和发展保持警惕态度。西拉德从媒体报道中得知原子弹计划已获得成功，敏锐的科学家已开始意识到这个破坏力惊人的武器可能给世界带来毁灭。这个连锁反应发现的先驱，怀着满心的罪恶感，很快发表了一份请愿书，请求美国政府基于道德不要用原子弹对付日本人，但事态发展表明他的请愿没有发挥作用。

现在，通过照片、电影和电视等媒介，大部分现代人可能都看到过在进行原子弹试验的沙漠上升起核爆蘑菇云的情景。但是，就在试验成功的三周后，所看到的就不是试验的情景了。1945年8月6日，一架美国B－2轰炸机从南太平洋小岛蒂尼安岛出发，装载着一颗原子弹，机组人员一行十二人乘着夜色飞行一千五百英里到日本广岛上空，抛下了以铀-235作核原料、绰号为“小男孩”的原子弹。三天以后，另外一架B-2轰炸机从同一个地方出发，在另一个日本城市长崎上空扔下绰号为“胖子”的钚-239制成的原子弹。原子弹爆炸产生的巨大冲击波、强烈光辐射和核辐射在广岛瞬间夺去了七万人的生命，在长崎则杀死了四万左右人，此后还陆续死亡了数千人。在美苏两国联合打击及原子弹巨大威力的威慑下，日本人于1945年8月14日投降，第二次世界大战至此以盟军的胜利告终。在第二次世界大战中，全世界大约五千万人死于战火，包括士兵、平民和集中营中的死者。

事后，特别是见证了原子弹所带来的灾难性后果之后，爱因斯坦的良心一直被这个自己1905年发现所产生的杀人武器所困扰。如果他知道德国科学家不能制造出原子弹，他绝对不会在那封给罗斯福总统的信中签上自己的名字。实际情况是，虽然德国科学家意识到了利用原子连锁反应的可能性，但是由于没有制造原子弹所需物资，他们一直无法开始研制原子炸弹。即使他们原料充足也未必能造出原子弹，因为在欧洲战乱的条件下不能提供制造和测试原子弹的环境。

为了在世界上废除核武器的神圣使命，爱因斯坦1945年11月在一篇杂志文章中号召建立一个世界政府，其使命在于控制原子弹的使用和其他所有军事活动。在他的构想里，这个世界政府将由美国、苏联和英国三个军事大国组成，有权管理世界上所有军事事务，并能调解各国之间的矛盾和冲突。他写道，即使一个专制的世界政府也比邪恶的核战争肆虐世界要来得好一些。他认为，任何形式的国家政府都或多或少有着与生俱来的邪恶，但是战争无论如何都比这些邪恶要糟糕得多。不过，也有人反对他的看法，比如苏联科学院便谴责爱因斯坦倡导建立这样的世界体系。

战争结束时，爱因斯坦正好宣布正式从高级研究所退休。退休以后，除了继续在高级研究所专门为他保留的办公室进行统一场论的思考外，他一如既往从事和平主义活动，主要包括倡导成立一个世界政府，撰写文章讨论战争与和平以及裁军的问题。他写道："原子能被释放出来并没有导致新的问题，只是使得解决现存问题变得更加紧迫。"他认为，现存问题与以前相比并没有任何改观。很早以前，1905年的诺贝尔文学奖得主、法国哲学家贝塔·冯·萨特就曾说过，改进战争的规则就像是将某人置于油锅中炸时，规定油烧开时候的温度。战争是不存在所谓的"改进"的。爱因斯坦主张，进行基础性研究的科学家有责任不再把研究成果与军方武器研究合作共享，以免未来出现更可怕的武器。他警告人们说："我不知道第三次世界大战将会怎么进行战斗，但我可以告诉你第四次世界大战时人们将用什么进行战斗——石头！"

十一
直言不讳的老顽童

在美国这个新祖国，我就像一个爱发奇问、百无禁忌、常使大人难堪的孩子，我不能对发生在这里的一切视而不见沉默不语。

——1954年3月28日爱因斯坦给比利时王后伊丽莎白的信，提到他在麦卡锡时期的直言不讳时说

1945年12月，在纽约阿斯特饭店为诺贝尔奖获得者举行的年终盛宴上，爱因斯坦表达了对年轻的同行们热衷于制造原子能武器的担忧。他严肃地指出“战争已结束，但和平并未降临”，因为他知道国与国之间的争斗，特别是美国和苏联之间的军事竞赛还在继续。

战后的日子里，爱因斯坦越来越为原子弹及其可能的滥用感到困惑。他回到战前的和平主义立场，直言不讳地批评军国主义并倡导建立一个世界政府，有时还号召用甘地的“非暴力不合作”方式来达到和平主义目标。他相信只要每个国家还保留着各自独立的军备就总会有战争发生。他担任了新成立的原子能科学家紧急委员会主席职务，这个机构致力于倡导原子能的和平用途。从这时起到去世，爱因斯坦一直全身心投入和平和建立世界政府的努力中。在跟德国的关系上，他对这个国家的厌恶感至死无法释怀，除了一些曾经坚定地反对希特勒及其纳粹统治的德国人，他不愿意与其他任何德国人有联系。他对一些德国犹太人的做法相当不屑，如犹太人哲学家马丁·布贝尔，因为他回到德国接受德国政府颁给的奖项。爱因斯坦还拒绝德国政府主动寻求和解的努力，不愿意接受很有声望的麦克斯·普朗克学院的外籍院士称号，也将出生地乌尔姆授予他的荣誉市民称号拒之门外。1952年，他再次拒绝了西柏林荣誉市民称号。1953年，他还拒绝了国际反对兵役组织德国分部的入会邀请。

1947年，在倡导用非侵略手段解决国际争端的时候，爱因斯坦批评美国政府将军事力量的重要性置于其他所有因素之上，这种军事至上的倾向影响着国与国的关系，并导致政府中的强硬派实力尘嚣日上。他警告说正是从奥托·冯·俾斯麦和恺撒·威廉二世时期开始的类似军事至上的思想导致了德国在不到一百年里两次发动战争。他说，现在的军事至上思想甚至更加危险，因为人类拥有了具有毁灭性破坏力的核武器。他还写文章赞同颁布国际法禁止制造和使用核武器。

忍受多年伤痛和辛劳之后，爱因斯坦前妻米列娃于1948年在瑞士苏黎世去世，终年七十三岁。她的去世使爱因斯坦的小儿子爱德华失去了母亲，失去了她多年以来始终如一的细心照顾和关爱。备受爱因斯坦器重的传记作家卡尔·西里格当时正住在苏黎世。米列娃去世后，他定期去看望

长住在精神病院接受治疗的爱德华。爱因斯坦对西里格的关心十分感激，并对自己不能亲自照顾儿子感到十分愧疚。他在给西里格的信中倾诉了为何自己对爱德华的境遇保持缄默，并不愿意与儿子联系，甚至连信都不写的原因。他自我分析道："不管以何种方式与爱德华联系，都可能会激起儿子心中各种各样的痛苦感情。"

1947年以后，以色列建国工作正在有条不紊地进行。联合国通过决议将巴勒斯坦划分成两个独立部分，一边属于阿拉伯人定居区，另一边为犹太人定居区。英国也放弃委托统治权。但是，总人口达130万的阿拉伯人反对这项计划，不甘心总数仅为60万的犹太人却占有巴勒斯坦一半的土地。1948年，一个以色列临时政府由犹太人领袖宣布成立，英国人在两个月之内撤出，然后以色列正式宣布独立。阿拉伯人并不想毫无抗争就此放弃他们的土地，因此以色列周围的阿拉伯国家与这个新生国家发生战事。但以色列人击退了他们的进攻，并在新的祖国站稳了脚跟。大约75万巴勒斯坦土地上的阿拉伯人要么四散而逃，要么被送到难民营中。80万犹太人则从各个阿拉伯国家逃离，其中约40万直接进入以色列，成为这个犹太国家的国民。经过近一年的战乱，以色列和各阿拉伯国家达成停战协议，一个暂时的并不稳定的和平最终在这片土地上建立起来。魏茨曼成为新生的以色列总统，也是两千年来犹太人国家的第一任总统，戴维·本—古里安为首任总理。

1952年魏茨曼死后，爱因斯坦曾一度被提名为以色列总统，但是他婉拒了这份尊崇的职位。他声称对人们的肯定感到万分荣幸，但自认为不适合担当这份工作。其实，他私底下对这个新生的国家怀着矛盾的感情，对以色列所坚持的国家政策并不是全都支持。同样，以色列的领导人知道爱因斯坦所擅长的并不是搞政治，当他们得知爱因斯坦拒绝总统职位也松了一口气。据说以色列总理本—古里安曾对他的助手、后来成为以色列总统的伊茨哈克·纳翁说："告诉我，如果他（爱因斯坦）同意出任总统该怎么办。我必须向他提议出任总统，因为没有理由不那么做。但是如果他真的接受了，那么我们麻烦就大了。"

第二次世界大战结束后，美国提出帮助欧洲盟国战后重建、发展经济的欧洲复兴计划。该计划由当时美国五星上将、国务卿乔治·C.马歇尔，在1947年参加哈佛大学毕业典礼的演讲中首次提出，因此也被人们称为“马歇尔计划”。他提出一整套行之有效的、颇为高明的刺激经济增长政策，由美国向欧洲国家提供援助，以减少西欧十六国两亿七千万人口中饥民、无家可归者、病患和失业人口数量，帮助这些遭受六年战火的国家稳定混乱的政治局面。该地区由于战争的影响，经济状况十分糟糕，数百万人无家可归，工业基础破坏十分严重，导致欧洲大陆许多地方都出现了饥荒。许多欧洲大都市的基础设施在战火中遭受灭顶之灾，几乎被夷为平地，其他的城市也受损严重。交通基础设施受到的影响特别严重，因为许多铁路、桥梁和公路都遭到严重的空袭，很多商船受到空袭和潜水艇的攻击而沉没。此外，欧洲国家都把钱用于战争，没多少钱剩下用于战后重建。美国相比之下幸运得多，只是在夏威夷的珍珠港受到日本的攻击，本土并未受到任何攻击。

马歇尔计划准备在四年之内向欧洲国家提供总共一百三十亿美元（按现在的价格计算大约一千亿美元）的经济援助，用于推动各国的经济复兴和改革。欧洲国家拥有高素质人才，而且工业化基础深厚，所缺的只是资金而已。如果能为盟友们提供这笔资金可谓雪中送炭，可让他们的重建变得更容易些。马歇尔计划非常迅速、有效地减轻了欧洲国家战后的痛苦，因此马歇尔本人因为这项计划被授予1953年的诺贝尔和平奖，并且被《时代周刊》杂志评为1948年年度封面人物。

除了倡导和平主义和建立世界政府的活动之外，爱因斯坦还保持着对宗教的兴趣。比如在1948年，他在《基督徒记录》上发表了一篇文章，讨论宗教与科学的相互包容关系。他承认这个问题相当复杂，因为人们对科学的看法倒是很统一，但对宗教的看法可就众说纷纭、莫衷一是，其中最可能引起争议的是神话部分。爱因斯坦唯一看起来有点崇拜的宗教组织是基督教贵格会（亦称基督教公谊会）。他在给一位澳大利亚朋友的信中说：“我认为基督教公谊会这个宗教社团有着最高的道德标准。就我所知，他们从来不作邪恶的承诺，总是凭着良心做事。特别是在国际事务上，他们的影响我认为是非常有益而有效的。”他给一位修女的信中也写

道："人的道德价值不是由其宗教信仰来衡量的，而是根据其一生中从自然中获得什么样的情感冲动来决定。"

爱因斯坦的妹妹玛雅战后本来计划返回欧洲照顾生病的丈夫，但是最终竟没能成行。在哥哥家过了几年舒心日子之后，玛雅不幸得了一次中风，从此卧床不起。爱因斯坦的身体状况也不是很好，肠胃病痛还时常发作。就在他七十岁生日前几个月，医生诊断他可能患有肠溃疡，因此被送到纽约布鲁克林犹太人医院住院治疗。但到医院仔细检查后发现他腹部大动脉旁边有一个动脉瘤。这个瘤已长到葡萄大小，并对动脉产生一定挤压，导致腹部动脉充血肿大。如果血管壁变薄，动脉极可能有破裂的危险。但是在此时做手术又太危险，所以医院决定采取保守疗法。几个星期后，爱因斯坦出院回到家中，不过从此为以后的病情埋下了病根。出院后，他到佛罗里达疗养了一段时间。在适宜的气候和优美环境抚慰下，病情有了很大好转。于是开始写那个当代活着的哲学家文库的《自述》，还将这份自传戏称为是为自己提前准备的"讣告"。

回到普林斯顿后，爱因斯坦发现玛雅的情况更糟了。作为她尽职尽责的哥哥，他坚持每天晚上给妹妹读一段文章，陪妹妹度过几个钟头。随着年龄的增长，爱因斯坦兄妹俩的感情益发深厚。两人外表也变得越来越像，特别是他们的发型。他们并排坐着时，如果从后面看过去很难分清谁是哥哥谁是妹妹。他的朋友莉莉·科勒描述道："两位老人并排坐着，他俩浓密的白发看上去如出一辙，两人心灵相通、互相敬爱。"玛雅抱病过了好几年，于1951年七十岁那年在普林斯顿去世。她的去世给爱因斯坦的生活带来巨大的空缺。

1949年，爱因斯坦迎来七十大寿。科学界为这个德高望重的前辈科学家举办隆重的祝寿仪式。三百多名科学家在普林斯顿欢聚一堂，向爱因斯坦表达敬意，并举行一场关于爱因斯坦对现代物理学发展贡献的研讨会。当爱因斯坦从听众席中穿过走向演讲大厅的时候，全场顿时鸦雀无声，大家都注视着这个物理学史上最伟大的物理学家慢慢地从他们身边走过，然后整个大厅欢声雷动，所有人站起来为这个睿智的老人报以发自内心的如雷掌声。

第二年，爱因斯坦更加清醒地意识到自己的健康状况和年纪，明白恐怕来日无多，于是写下了遗言。他在遗嘱中指定经济学家朋友内森·罗森作为遗嘱执行人，同时罗森与爱因斯坦的私人秘书海伦·杜卡斯作为他所有文字、手稿和资料等财产的托管人。爱因斯坦还与耶路撒冷的希伯来大学冰释前嫌，在遗嘱中指明，在罗森和杜卡斯去世后将他所有的文字和资料财产全部捐献给该大学。小提琴则赠给孙子伯纳德，个人财产分给海伦·杜卡斯、大儿子汉斯、小儿子爱德华和继女玛戈特。

1950年2月，美国总统杜鲁门宣布了令人吃惊的消息：美国已成功制造出一颗氢弹——这种核炸弹的威力更甚于原子弹。匈牙利出生的物理学家爱德华·特勒是美国氢弹制造计划的主要科学家，被称为“氢弹之父”。听到这个消息，爱因斯坦十分生气，决定在普林斯顿通过电视向全国发表演讲。他警告说，如果氢弹投入使用，整个地球都会充满致命的辐射，所有的地球生物都会同归于尽。6月，在联合国一个电台采访中，他继续警告说：“军备竞赛并非阻止战争的合适方法。从这个错误的方向，每走一步都将把我们往灾难推近了一步……我重申，军备的增长并不能保护人们免于战争戕害，相反将不可避免地导致战争……争取和平与准备战争的军备竞赛两者绝无相容可能。”

不久，一些震动全国的政治迫害插曲，让许多美国人开始思考爱因斯坦的预言，并对美国政府中某些人的行为警觉起来。第二次世界大战结束的时候，苏联终止了与美国的同盟关系。这一举动增加了美国国内对共产主义的恐慌。这种气氛大部分是由美国保守派政客有意营造出来的。众议院非美活动调查委员会（HUAC）已设立多年，第二次世界大战后该委员会发起针对共产主义在好莱坞影响的调查。1947年9月，调查委员会对四十一个人发出传票，要求他们在正式听证会中作证。其中十九个人被认为“不友好”，因为他们拒绝与调查委员会合作。最后前来参加听证会的人中，有十一个人拒绝回答委员会的提问，并谴责他们违反人权的行为，因此被以藐视国会的罪名被判短期入狱。这些人出狱后被长期列入禁止从事电影行业的黑名单。这份黑名单倒不是非美活动调查委员会弄出来的，而是由一批电影工厂的主管们自己决定不再重新续聘这些刚出狱的雇员。

而那些“友好的”作证者，包括加里·库珀、罗纳德·里根和罗伯特·泰勒，则同意证明在美国好莱坞电影工业里确实有共产主义的渗透活动。此后在1951年，非美活动调查委员会还在好莱坞搞了一次同样的调查。

这时，代表威斯康星州国会议员的约瑟夫·麦卡锡开始插手此事。麦卡锡在1950年至1953年期间任国会常设委员会调查分委会主席时，决意进一步增加民众心中的“红色恐怖”，并继续在美国人中推行他借共产主义为名的政治迫害。麦卡锡所关注的不是好莱坞，而是共产主义对政府部门的所谓“渗透”。在1950年的一场演讲中他装腔作势地挥舞着一份所谓共产主义分子及其同情者名单的文件，声称共产主义渗透入美国的国务院。美国国会为此专门成立一个特别委员会，调查麦卡锡的指控，但是发现这些指控都是无中生有。但是他还是不知悔改，利用自己的地位和权力，继续推动歇斯底里的反共运动。他毫无根据地胡乱谴责任何他怀疑可能是共产主义者的公务员和政府官员，并在国会主持一系列的完全公开的听证会。这些被指控的个人必须在这样的听证会上证明自己的清白。该委员会的狂热、无中生有的指控经常毁了人们的生活却毫无悔意，任凭受害者在政治迫害的旋涡中苦苦支撑。

爱因斯坦建议许多被麦卡锡瞄上的人拒绝与这些非法听证会合作，包括由国内安全委员会和国会类似于众议院非美活动调查委员会主持的听证会。他认为这些调查活动有违宪法规定的个人权益，并在1953写信给纽约布鲁克林的一位教师威廉·弗劳恩格拉斯，建议他说：“我觉得用甘地的非暴力不合作的方法最合适……拒绝作证的同时还应该声明这种拒绝是基于这样的认识，即让清白的美国公民接受这样的调查是让民主和人权蒙羞的，也是违反美国宪法精神的。”给另外一个类似的受害者的信中，他写道，在美国这样标榜自由的国家，公民不应该因为其属于特定的政党而被国家清算。

1953年，麦卡锡决定将清除共产党的运动推广到军队。他声称军队里也被共产主义渗透，并命令在军队里广泛开展调查。在各种各样的听证会里，军队的法律代表觉得麦卡锡信口开河的指控太过分了，气愤地朝他咆哮：“你能稍微有点羞耻感吗，先生？你这个人能留下点羞耻感吗？”麦卡锡的影响力开始消退，特别是1954年一场通过电视向全国直播的听证会过后。那场听证会让全国数百万人首次领教了麦卡锡那套政治迫害的方法，也使他的疯狂做法更加失去人心。1954年年底，国会通过一项议案，一致投票通过批评麦卡锡参议员“引领一种负面的潮流，导致国会陷于不名誉、不光彩的尴尬境地”。从那时起，“麦卡锡主义”成为政府任意惩罚怀有不同看法、进行政治迫害的代名词。麦卡锡身败名裂，两年半以后，死于过度酗酒导致的肝硬化。

由于麦卡锡主义大行其道，爱因斯坦大感失望之余，以前曾对政客抱有的幻想彻底破灭了。他号召人们将无德政客拒之于科学发展的决策之外。他在1952年写道，既不能让这些政客控制科学，也不能让其阻止国与国之间自由的科学交流活动。他不相信政客，认为他们的不可信是注定的，特别是在和平时期。不过他认为在战时，政治家倒是可以通过政治动员将人们组织起来准备战斗，将工作朝向赢得战争方面努力。

1953年，爱因斯坦在物理学方面的活动还是很少。他的身体状况不断走下坡路，身体上的不适让他感觉到年岁不饶人的无奈。这年夏天，甚至连他在普林斯顿大街上蹒跚而行的情景都很少见了。当他听着树荫里陪伴了他十七年的知了的清鸣，想必总在问自己，这次是否最后一次看到这些景象；那些吃着冰淇淋、逗小狗和邻居们闲聊的平淡而祥和的日子可能很快就要随他而去了。他在这年还是设法写了一篇关于统一场论的短文章，这是他关于这个题目的最后一篇文章。在文章中，人们仍能感觉到他始终如一的乐观和自信。

1954年，爱因斯坦患上溶血性贫血症，即他的骨髓不能产生足够的血液红细胞来补充正常代谢损失的数量，但依然坚持写作他的最后一篇科学论文。这篇文章的合作者是女物理学家布鲁里娅·考夫曼。她是一位生于巴勒斯坦，在美国接受教育的年轻物理学家。这一整年，考夫曼到了爱因斯坦家数次，向他报告论文的进展情况。他们将在下一年完成整篇论文并最后发表。

1954年，正当麦卡锡和非美活动调查委员会的政治迫害甚嚣尘上的时候，美国有关部门称前洛斯阿拉莫斯国家实验室主任、“原子弹之父”罗伯特·奥本海默是共产主义同情者。奥本海默的兄弟弗兰克20世纪30年代加入了共产党。这个家庭联系使得他更加为神经过敏的美国政府所猜疑。政府人事安全委员会为此召开听证会，认为奥本海默行为不可预测、不能信任，宣布收回对他的忠诚调查的肯定。他们还解除了他在原子能委员会的职务，并大力消除奥本海默在该委员会决策和学术界的影响力。委员会所作出的结论部分基于备受后人诟病的“氢弹之父”爱德华·特勒的证词。他在证词中也对奥本海默持有相同指控，可能因为奥本海默在位时曾极力反对制造氢弹，成为他推动氢弹制造的绊脚石（巧合的是，第二颗氢弹同一年在比基尼环礁试爆，将其中三个小岛夷为平地）。爱因斯坦和奥本海默曾是高级研究所的同事，奥本海默自1947年以来任高级研究所主任。他们俩都反对制造氢弹，在这个问题上爱因斯坦给予奥本海默全力支持。对于老朋友所遭受的无辜指控，他也坚定地站在奥本海默一边。在左派和自由派心目中，爱因斯坦是不折不扣的英雄。但在保守反共的右派眼中，他显然是个大反派。他们十分仇恨爱因斯坦，恨不能剥夺他的公民资格、将他驱逐出境。缭绕心头的知识分子可能受到迫害和公民自由表达意见的权利被否定的担忧让爱因斯坦十分痛苦。这位为科学和自由奋斗了一生的老科学家，对自己往昔在纳粹德国身受的不公待遇记忆犹新，不愿看到新一代的人们还继续遭受同样的苦难。

生命的最后几年中，爱因斯坦感到快乐的时候并不多。但是普林斯顿平静的生活依然给他带来快乐。他逐渐退出了各种公开活动。不过还是参加了1954年3月14日同行们为他举行的七十五岁生日庆典，还开玩笑地抱怨说蛋糕吃得太多了。他收到来自世界各地无数的贺信和生日礼物。其中一个礼物是一只鹦鹉，他给它取名叫“巴波”，是通过平邮邮寄给他的。除了回生日贺信，爱因斯坦还花了好几个星期逗这只吓坏了的鹦鹉开心。其他时间，他就会同几个朋友到普林斯顿静谧的卡内基小湖玩帆板。保健医生禁止他吸烟。他不得不放弃这个长期嗜好，不过还是喜欢拿着烟斗，时不时叼在嘴里。他很久以前就停止拉小提琴了，因为这项活动对于他那个年纪的人已很是费力气，不过仍然喜欢坐在钢琴前弹上一曲或听收音机、磁带的音乐。他还要接待数量惊人的来客，一些外乡人甚至在半夜前来登门拜访。

爱因斯坦在爱尔莎去世之后一直独身近二十年。在这期间，许多妇女给他写信介绍自己的特点和家政技能，自告奋勇要成为他的妻子。另外一些人甚至在他家附近守候着，寻机当面向他吐露衷肠。他常常会回报这些好意。玛格丽特·科尔尼科娃，据称是爱因斯坦在美国“最喜欢的女朋友之一”。她丈夫是著名的雕塑家，为爱因斯坦造了一尊半身像，现在收藏在普林斯顿高级研究所的图书馆。有谣传称玛格丽特是苏联间谍。她和丈夫都是苏联的政治流亡者，居住在纽约的格林威治镇，离普林斯顿大约一小时的路程。在20世纪20年代初期到1945年期间，他们被苏联征召回国培训成为间谍。看来爱因斯坦并不知道她可能是间谍的底细。不过，即使她真是间谍，也从他那儿获得不了苏联所需的机密信息。科尔尼科娃离开后，爱因斯坦又结识了约翰娜·凡托娃。他们在布拉格时就见过面，在普林斯顿重逢并成为关系亲密的邻居。她成为爱因斯坦去世前一直保持联系的女友。她甚至还保留着他去世前一年半时间里两人进行电话交谈的记录本。从电话记录的内容看，爱因斯坦仍然谈论他一直感兴趣的话题。考虑到他的健康问题，人们能想到在他那个年纪会谈论些什么。

1954年10月，爱因斯坦写了一封著名的信。在信中称如果他能够再活一次不会选择成为科学家，更愿意成为管道工或小贩，“希望在那种情况下还能找到适度的独立思考的能力”。这番话并不是说要放弃物理学研究，而是说他因此可以专心研究物理学，而不受作为研究者或学术界人士所必须忍受的各种琐事的拘束。也许他怀念在伯尔尼专利局的日子，那时他还没出名，拥有更多的自由、才华和时间，可以创造性地思考任何吸引他的题目和想法。

1955年年初，英国哲学家、作家贝特朗·罗素与爱因斯坦联系，请求爱因斯坦以及其他科学家与他一起发表一份联合声明，反对世界上愈演愈烈的军备竞赛。罗素是一位知名的和平主义者，曾获得1950年的诺贝尔和平奖。他起草了一份文件谴责冷战可能导致核战争，同时希望把这份声明提交给美国国会以传达国际社会对美苏军备竞赛的声音。声明指出，在氢弹已引爆的时代，战争不会有胜利者和失败者之分，只有给人们带来永久的灾难。另外，他们在声明中请求美国国会不要引起人类间的自相残杀。罗素将这份声明寄给爱因斯坦。爱因斯坦于 4 月11日在声明上签字，并将它寄回给罗素。这份著名的声明被后人称为《罗素—爱因斯坦宣言》，其他九位科学家也在上面签下了自己的名字，全世界成千上万的人表示支持。

就在忙于签署宣言那几天，爱因斯坦开始感到身体十分难受，感觉下腹部疼痛难忍。他让私人秘书海伦·杜卡斯不要给他的医生打电话。但由于十分担心他身体状况，杜卡斯偷偷地将爱因斯坦的病情告诉正在医院住院的继女玛戈特，让她转告爱因斯坦的保健医生迪恩。4月13日下午，爱因斯坦已休克，杜卡斯别无选择，马上给医生打电话。医生很快到达，并给他注射了一针吗啡止痛。但是很不情愿将爱因斯坦转入医院，因为他认为可能是小规模内出血导致疼痛，很快就会没事。第二天，更多的医学专家来到家中为他诊断病情。但他对他们的来到很是反感，尽管尽量保持克制，还是强烈希望他们离开让他一个人待着。所有的医生和亲属，包括爱因斯坦自己都知道他腹部的动脉瘤已破裂，死亡正向这个科学天才慢慢逼近。他只是问医生，这样的死亡是否会“很可怕”。他们回答说不知道情况会怎样。海伦·杜卡斯则对爱因斯坦突如其来的病痛乱了方寸，十分担忧和伤心。爱因斯坦责备她说：“你真是太可笑了。我总是会死去的，什么时候死无关紧要。”接下来的两天，他的情况变得更糟糕了。医生坚持让他住进普林斯顿医院，这样就可以在那儿输液并由护士定期注射吗啡止疼，院方会尽力让他不受太多痛苦。

1955年 4 月17日晚上，爱因斯坦安静地入睡了。刚过午夜不久，他在睡梦中安详地离开了这个被他大大地改变了的世界。夜班护士埃尔贝塔·罗西尔是最后看到他还活着的人。她报告说：“他使劲呼吸了两下，然后便停止了呼吸。”爱因斯坦的继女玛戈特在给家里的一个朋友的信中描述了他最后的几小时，写道：“他在等待着最后时刻的到来，就像在等待着慢慢来临的自然事件一样。面对死亡，他显得很安静，就像他一如既往的无畏，是那样不动声色地、毫无遗憾地离开这个世界。”

十二
实验物理学家

在这个不再年轻的年纪，我对实验有着特别的热情。

——爱因斯坦1915年三十六岁时说的一段话

爱因斯坦感兴趣的领域远不止抽象的理论创造。他的两大贡献——狭义相对论和广义相对论，确实是对隐藏在日常经验中的抽象规律的理论概括。然而，他也对客观现象、实际经验的获得十分着迷。在物理学世界里，他十分重视并致力于探索能够检验他的理论的实验方法，特别希望自己的理论能够通过实验的验证。比如早年关于分子性质的研究，他从司空见惯的日常现象出发，找出了一个全新的方法来了解分子运动现象的本质，然后他从中洞察现象背后隐藏的真理。也许其他人认真观察也能注意到类似的现象，但只有他没有被表象所迷惑，创造性地从定式思维中跳出来，得出比别人更深入、更合理的结论。

1905年，爱因斯坦的博士论文揭示了如何获得阿伏伽德罗常数的新方法。在论证中插入从蔗糖溶液中获得的真实数据后，他得出了自己的结果。在那篇关于布朗运动的论文里，他则解释了七十五年前就被发现的花粉颗粒的奇怪运动轨迹的内在原因。1906年，爱因斯坦将这些结论加以扩展，进一步揭示了在一个有一定高度柱状容器的液体中，微粒将呈何种形式分布。这种解释很容易通过实验的检验。他还写了一篇文章，解释布朗运动中所运用的数学方法。这专门为了方便不常用这些方法的化学家理解他的理论。关于狭义相对论的论文中，他也提到人们能够用以验证他的理论的实验方法，如长度收缩、时间膨胀和放射性衰变。这些做法都不是一般抽象理论家的通常做法。

爱因斯坦最喜欢的实验领域是量子物理学、统计物理学和引力。当然，他也会花时间探索其他领域的物理课题。如他写了一篇名气不那么响的论文，题为《河流路线蜿蜒曲折的原因》，发表在1926年的《自然科学》杂志上。当时，量子物理学正处于起步阶段。爱因斯坦为这门新兴物理学分支的发展，倾注了大量的心血。然而，他依然能够从中挤出时间来解释河流在流入海洋之前为何流经的路线往往是蜿蜒曲折的。他还写了一篇关于声音在气体中传播的文章。这也是他在忙于广义相对论繁重数学论证之余，利用点滴时间兼顾思考其他方面问题的又一个表现。

爱因斯坦设想并具体设计了许多实验，但往往不是他自己来亲手做，而是引导其他人来实际操作这些实验。例如，在斯特恩—格拉赫实验的基础上，他提出了一个新的实验设计。在斯特恩—格拉赫原先的实验中，银原子从一个磁场通过时，银原子中的粒子，如电子，将会产生自旋现象。这种自旋并不是那么明显，但与原子在磁场中的运动有关。银原子的磁矩取决于一个单一电子。通过磁场之后，银原子或者“上旋”或者“下旋”，这就使得旋转的方向可以被确定。旋转与电子在磁场的运动相关联，即意味着电子在此更像一个小磁体。爱因斯坦被这个实验深深吸引，经过深思熟虑后，着手对这个实验进行了一些修改。此外，他还根据自己的朋友、荷兰物理学家、诺贝尔奖得主卡梅林·昂内斯所发现的超导现象，提出了一个实验来探寻超导性。昂内斯发现，在低温情况下，一些物质的电阻会完全消失。这就意味着如果将电流置于超导体中，它将永远不会衰减。今天，人们已将目光从低温材料的研究转向探寻在常温下如何制造出超导材料。因为一旦常温下的超导体被找到，将给人们的日常生活带来很大便利，非常有利于节能环保的要求。1922年，爱因斯坦在一篇赞扬昂内斯的贡献的文章中，提出了一种不同的实验方法来探索这个现象。他写道：“由于我们对复合系统的量子力学研究的长期忽视，所以不能从含混不清的看法上建立起一个理论体系，只能依靠实验来完成这个目标。”爱因斯坦在这篇文章中使用了“量子力学”这个短语，可能是这个短语首次见诸纸面。

爱因斯坦从来不是只会空想的实验者。他的另外一个荷兰老朋友亨德里克·洛伦兹的女婿温德·德哈斯也是一个物理学家。爱因斯坦在柏林任职的时候，德哈斯经洛伦兹介绍到柏林投靠爱因斯坦，并在1915年 4 月成为他的研究助手，一起进行磁场属性的研究。关于这个实验，后来爱因斯坦曾在给朋友的信中提到，说：“这学期，我和洛伦兹的女婿德哈斯一起做了一个漂亮的实验。”他们将实验的结果写在论文里，1916年以《安培分子电流的实验证据》为题发表。1916年，爱因斯坦再次与德哈斯合作一篇论文，题目基本上一样。这篇论文是必要的，因为洛伦兹在第一篇中发现了一个错误，他们就发表了第二篇修正错误，发表在荷兰《阿姆斯特丹皇家科学院学报》上。

安培在1820年声称磁性是由于电流在流动中形成的。1915年，电子还远没被发现，因此进一步研究安培的发现十分自然。爱因斯坦和德哈斯弄到一个巨大的钢制圆柱体，在上面绕上许多圈电线，然后在电线上通上交流电，电流不断地改变圆柱体的磁场。变化的磁场又在圆柱体上形成一个扭矩，让圆柱体开始旋转。为了使爱因斯坦和德哈斯的实验更直观一点，可以想象在一条船上有一组划手。如果他们都各自随意地乱划，船就会寸步难行。如果有一个舵手给其他划手发布指令，让所有人划得整齐划一、齐心协力，船就能在水中轻快地前进。爱因斯坦和德哈斯认为磁场就像是船上的舵手，让圆柱体的所有电子都朝着一个方向使劲。当电子的角动量配合一致时，圆柱体就开始旋转了。爱因斯坦和德哈斯从中得出结论，认为电子绕着原子做环形运动。他们还发现，磁场和圆柱体旋转的角度之间存在某些关联，磁体能像陀螺一样做旋转运动。这个现象被称为爱因斯坦—德哈斯效应。尼尔斯·玻尔对这个效应很感兴趣。玻尔提出的原子模型在当时饱受批评。在他的模型里，电子绕着原子核旋转。传统物理学家会认为这不可能发生，因为在传统的理论中如果电子绕着原子做圆周运动，会消耗能量，很快盘旋坠落到原子中心。爱因斯坦—德哈斯的发现则为玻尔的模型提供了实验证明。玻尔写道：“正如爱因斯坦和德哈斯所指出的那样，他们的实验强烈表明电子能在原子中旋转而不会发射出能量波。”这个模型的实验证实对量子理论是一个重要的进步。

除了亲手做实验外，爱因斯坦还申请了好些专利。由于他在伯尔尼专利局的工作经历，他显然对如何获得专利的过程相当清楚，并且对什么东西具有专利价值非常清楚。通过对布朗运动的研究，爱因斯坦就预言在电容器里存在着电压的波动，还专门发表了一篇文章来阐述对这个问题的看法，发表在1907年的《物理学纪事》上。为了通过实验检验自己预言的正确性，他需要制造出一个仪器可以测量出极微小电压变化。于是他就与哈比希特兄弟合作设计并制造出了这个仪器。可惜这个发明对制造商并无吸引力，从来没有批量生产过。

爱因斯坦的专利大部分是在20世纪20年代到30年代期间申请的，他当时与匈牙利发明家、物理学家里奥·西拉德合作，对申请专利着迷了好一

阵子。1927年11月，两位科学家申请了一个关于家用冰箱的专利，而且为了保护这个专利的原理，他们俩在好几个欧洲国家都提出了申请，包括英国、德国、奥地利和瑞士，后来这个发明被称为爱因斯坦—西拉德泵。当时的冰箱响声非常大，而且很不稳定，更糟糕的是常会泄漏一些有毒的制冷剂，导致许多使用者中毒。他们俩设计出一个非机械、不发出吵人响声的冰箱，后来他们将这一专利卖给一家电气公司。通用电气在德国的分公司则买下了爱因斯坦的第三个设计。他们俩在一起总共合作设计了五个专利。但到了1932年，这些冰箱被制造商放弃了，一方面因为这种冰箱存在的诸多缺陷，更重要的是因为当时人们已发明了安全的制冷剂氟利昂。他们俩在一起合作长达七年，还设计出其他许多小玩意，申请了许多专利，除了以此为乐外，也能从中获取一些收入。像那项冰箱的专利，在原子能时代又派上了用场，人们用他们专利的原理来冷却原子能反应堆中的一些物质和器具。此外，1933年，鲁道夫·戈德施密特与爱因斯坦一起申请了一项喇叭的专利，当时爱因斯坦刚到美国不久。他们俩原准备为共同的朋友、音乐家奥尔加·埃因斯纳造一个助听仪器。这个专利在纳粹德国申请，专利登记里爱因斯坦的联系地址栏写着“行踪未知”。

爱因斯坦还帮助赫尔曼·坎普菲开发了一个回转罗盘。这个罗盘的原理与橄榄球旋转保持方向的原理类似。当一个橄榄球的四分卫将橄榄球抛出，这球会产生一个旋转。正是球的旋转让它保持着向特定的方向飞行，这样四分卫的球就能准确地抛到队友手中。爱因斯坦意识到同样的道理也能运用到罗盘的设计上，如使得一个物体向“北”旋转，则如果旋转持续则该物体总会指向“北”。在先前跟德哈斯合作过程中，他可能就已有了制造磁性回转罗盘的想法。坎普菲将这个设计申请了专利，但爱因斯坦只获得该专利百分之一的特许使用费。爱因斯坦还与德国出生的物理学家、老朋友古斯塔·布基共同申请了一项美国专利。这项专利是一个自动调焦相机的发明，是现代傻瓜相机的前身，其设计用到了光电转换现象的原理。

这些实验方面的成就充分体现爱因斯坦的伟大之处。如果忽略他最知名的物理学方面的成就相对论，剩下的成就依然能让他成为最伟大的物理学家之一。现在的大学里，物理学专业的学生们必读爱因斯坦的狭义相对论、广义相对论、布朗运动和光电效应，也会接触爱因斯坦关于比热理论的阐述、他的辐射理论和粒子统计方法。这里的每个主题都十分博大精深，还继续引起今天的人们的兴趣，不断从中开拓新的研究领域、获取思想和方法上的启迪。

将一块金属加热，你需要多少能量才能将一克的金属的温度增加一度？这个结果就是这块金属的比热，一般用字母“c”表示。两个法国科学家，路易斯·杜隆和亚力克西斯·帕提，1819年发现许多固体金属具有同样的比热值，大约是6卡/摩尔，这就是有名的杜隆—帕提定律，即所有的物质都具有同样的比热值c。1840年，有人找出反例推翻了这个定律。人们发现在常温条件下，钻石的比热值c就比杜隆—帕提定律的规定低，气体的比热值甚至更低。

爱因斯坦在苏黎世大学时的教授海因里希·韦伯对比热问题很有研究。他揭示钻石的比热值并非恒定，而是在很大程度上取决于温度。在摄氏温度零度到二百度区间内，韦伯发现比热值c的变化值是3的因数。温度计的发明者詹姆斯·杜瓦在1898年设法将氦液化，这个实验打开了一个新的科学领域——低温物理学领域。杜瓦很自然将他的注意力转向钻石的比热问题，他将钻石置于开氏温度20度到85度时进行测量，测得其比热值在0.05卡/摩尔左右，杜隆—帕提定律中规定的值是它的120倍。

1896年，统计物理学先驱波尔兹曼在这个问题上取得了理论进步。他将固体金属上的原子看做是一个个振荡器，以一定的频率来回震荡。通过增加这些振荡器的能量，他得到一个包含比热c的等式，并得出粗略的结果c=6卡/摩尔，为杜隆—帕提定律提供了理论支持。爱因斯坦在1907年开始涉及比热的研究领域，他将波尔兹曼的模型与普朗克的假说结合起来。普朗克在他1900年关于辐射的经典论文中提出了一个具有一定能量的振荡器的模型，但这些振子所带能量并非一样。含能量高的振荡器比能量低的数量少得多，换句话说，物体存在特定的能量分布。和波尔兹曼一样，爱因斯坦将金属固体看做是振荡器的集合，但其能量分布与普朗克的模型一样。这些振荡器的能量只有一种，即普朗克电磁方程式中的hf的倍数值。他将这些振荡器的能量加起来，其结果便是爱因斯坦固体比热定律。在他1907年发表的论文中，爱因斯坦加入一个图表，展示了他的理论如何将韦伯的数据加以扩展。不过，在接近绝对零度的温度下，爱因斯坦所得出的结果应该作一些修改。1912年，彼得·德拜改进了爱因斯坦的理论，并从理论上漂亮地解释了所测得的数值。对于爱因斯坦来说，他成了第一个将量子理论应用于固体的物理学家。今天，关于固态物理学的教科书有厚厚一摞，在这个学科取得的进展，发展出基于硅和锗材料制造的电脑、电视和其他设备制造工业。

孩子们常问这样的问题：天空为什么是蔚蓝的？这个问题的答案困惑了科学家好多年。马里恩·斯莫鲁霍夫斯基基于布朗运动的原理提出了一个解释。他在布朗运动方面的发现在很大程度上为爱因斯坦的研究奠定了基础。在布朗运动中，斯莫鲁霍夫斯基揭示了位置的变化与时间相关联；在分析理想化气体后，他揭示了密度的波动与温度的关联。在气体实验中，气体具有均匀的密度，但斯莫鲁霍夫斯基指出气体的密度有高低不同的区域，他确定了这种波动有多大，波动取决于什么因素。他还揭示在一个临界点温度情况下能够使得气体的密度发生巨大变化，这个临界温度就是在一定压力下一种物质的气态和液态可以共存的温度。例如，100摄氏度下的蒸汽和水并存，该点温度就是水的临界温度。

如果你将一根染有颜色的麦秆置于一杯水中，你将发现一些奇怪的现象——麦秆看起来变弯了。这个视觉现象是因为从空气中到水中折射率发生了变化。折射率是用于测定光线在特定物质中的速度的概念。光线在空气中传播的速度比在水中的速度要快，其最终结果是，当一束光线从空气中射入水中时将发生弯曲，这就是为什么如果你观察容器中的水，所看到的比实际的水要少。在医学领域，当护士要确定药水的用量，应该将药瓶放到与眼睛齐平，以避免折射率改变带来的目测误差，以此确定获得比较精确的药量。

气体的折射率取决于气体的密度，这在物理学中的正式称呼是格莱斯通—德尔定律。斯莫鲁霍夫斯基认为密度波动会导致气体折射率的变化，因此，在临界点时可能会产生光线的大规模散射。斯莫鲁霍夫斯基找到一些实验数据来支持他的结论。理查德·阿维那留斯在1874年便揭示，在气体的临界温度点将发生强烈的光线散射，即“临界乳光现象”。约翰·丁泽尔则在1869年发现，天空呈现出蔚蓝色是因为大气中的水蒸气微粒对光线的强烈散射现象所致。同样，这些小水珠也是雨后出现彩虹的原因。他称，空气中的尘埃微粒也能产生类似的光线散射现象。因此，抽烟时发出的烟雾通常也是略带蓝色，而天空粉尘污染严重时的落日看起来通常呈鲜艳的红色。

爱因斯坦对斯莫鲁霍夫斯基的研究作了必要改进，并通过深入的思考得出一个方程式来描述布朗运动的实质。爱因斯坦的方程式可以用于确定在一定温度气体中，以一定角度入射的光线所发生散射的频率。在这项工作上，爱因斯坦表现出鲜明的个人风格。他首先将一些实验数据进行反向推导，然后再对得到的数据进行理论表述，最后构建出严格的理论体系。简单而言，爱因斯坦的论证结果与瑞利爵士多年以前的表述相类似。除此之外，爱因斯坦的理论还有更多的贡献。它提供了一个全新的方法确定阿伏伽德罗常数。斯莫鲁霍夫斯基对爱因斯坦的文章印象深刻，他试图设计出实验来检验爱因斯坦的理论。在实验前期，所获得数据与理论相当吻合，可惜斯莫鲁霍夫斯基在所有实验数据出来之前便去世了。大气物理学家后来用爱因斯坦的等式测出阿伏伽德罗常数，这是另外一个贡献。

爱因斯坦对光的本质一直给予持续关注。他希望从光量子假说或研究气体的临界乳光方面入手进行探讨，从辐射方面进行研究也是他思考的方向。1916年11月，他写道：“一束理想的光线在我心中成形，勾画出辐射的吸收和放射。”这个想法引导着他发表了三篇论文，其中两篇发表于1916年，另外一篇发表于1917年。爱因斯坦由浅入深，他先假定将气体分子置于辐射的均匀照射下。为了分析的简单起见，他假定这些气体微粒只具有一种能量等级，或属于能量高的或属于能量低的，两者只能居其一。他试图找出在一定的时间范围内，有多少高能量的粒子会变成低能量，而有多少又从低能量级变成高能量级。一个粒子通过吸收频率为f的辐射而增加自身所含的能量，从而变成能量高的粒子，反之亦然。爱因斯坦在此引入两个系数，即现在人们所知的爱因斯坦的A和B系数。第一个系数A描述在没有辐射情况下发生的自然转化，爱因斯坦的A系数只有在从高能量到低能量变化时才在等式中出现。但是在自然中，几乎没有物质的能量会无缘无故变化。另外一个系数B则是在辐射引起的能量变化时使用。

为了更明了解释这个理论，假设几个小孩站在一面围墙前。这堵墙对小孩来说，从上面跳下来并无多大问题，但是要想爬上去却难度很大。在那儿还有一个电梯可以将孩子们从地面提升到墙上。如果没有电梯（相当于爱因斯坦理论模型中的辐射），孩子们会从墙上自己跳下来，但无法爬上去。这便是根据理论中A系数的条件所模拟的情景。而用电梯将孩子们往上运或从墙上运下来，这便是B系数所模拟的情景。

如果这些过程充分进行，所有粒子的能量达到均衡，那么可以推断，从低能量级跃进到高能量级的粒子数量和从高能量级降低到低能量级的粒子数量将是相等的。这正是爱因斯坦所期望的等式。在高温情况下，他的等式与维恩辐射定律所揭示的内容一样。爱因斯坦认为，如果情况如分析结论所示，那么，这些粒子所辐射或吸收的能量将是hf的整数倍。除此之外，他还提供了更多证据来支持光量子的假说。

他的理论中还隐含着一个意外的贡献。在他的理论框架中，如果粒子可以被“抽吸”到更高的能量，那么当它们回落到较低能量级，则会通过辐射形式发射出能量，这些辐射具有相同的频率。这便是激光的工作原理，即在短时间内的光爆发使得一部分原子从低能量级别提升到高能量级别，再将它们的能量级别回落到较低的水平，在这过程中产生激光。这有点像电梯将孩子从地面运载到围墙上，然后孩子们从围墙上跳下来，所有的孩子跳下着地时都会发出“砰”的一声。激光的发明者亚瑟·施切罗和查尔斯·汤斯因为激光装置获得1964年的诺贝尔物理学奖，成为许多基于爱因斯坦的发现有关的获奖者之一。

如果爱因斯坦这个计算能量级转换的理论模型能发挥作用，则他关于如何计算粒子数量的方法也应该是正确的。1924年6月，爱因斯坦在英国时收到一封来自一位年轻的印度物理学家玻色的信。这个年轻人的一篇文章刚被《哲学杂志》退稿，但是他自己不明白杂志社这么做的理由。玻色请求爱因斯坦帮他看一下自己投稿的论文，看是否有错误。他请求道，如果没有错误，请爱因斯坦帮他推荐发表在《物理学学报》上。爱因斯坦证明玻色论文的正确性，并帮助他将论文翻译成德语发表在德文《物理学学报》上。这篇论文后来被广泛认为是一篇影响巨大的论文，虽然玻色后来诚实地承认“我当时并没有意识到我所做的研究竟然这么深具价值”。在这篇文章中，他将普朗克的辐射理论建立在一个坚实得多的基础上。

假设存在一个质量为零的粒子的集合，这些粒子位于两极之中必居其一。此外，这些粒子的数量在一定时间内并不确定。玻色将空间分成一批具有一定体积的盒子，他的理论在于求解在这些盒子里的拥有一定的动量的粒子有多少种“状态”。这种计算方法在1924年鲜有人理解，被认为实在太离谱了，因为玻色计算的不是粒子的数量，而是粒子状态的个数，但没人能想出更好的办法来反驳。玻色最后一步是将这些状态的动量假设等于hf／c，巧妙地完成了这个理论的构建。玻色的理论与普朗克的辐射理论相得益彰，它再次表明辐射表现为以能量值为hf，动量为hf／c的无质量粒子的运动。

爱因斯坦敏锐地感觉到了玻色理论中闪光之处，并创造性将玻色的理论往前推进了一大步。他将这个新计算方法与光量子理论结合起来，提出一个全新的理论——量子气体。这是一种拥有质量的新形式的粒子，但在给定区域中的、具有一定动量的粒子数量是用玻色的方法来进行计算。为了纪念这位印度物理学家，能够用玻色的方法计算的粒子被称为玻色子。玻色子是具有零或整数自旋状态，并且任意数目的相同粒子占据相同量子状态的统计学规则的粒子，如光子、π介子或α粒子。爱因斯坦对玻色的公式推导进行整理，并据此提出一个大胆的预测。以这种方法计算的粒子，遵循的是所谓的“玻色—爱因斯坦统计法”规则，并且在低温情况下有着奇怪的特性。当玻色气体的温度降到一定程度，爱因斯坦预测道：“气体将达到饱和，其中一部分密度变大，其他部分则保持为饱和的理想气体状态”，这个现象后来被称为玻色-爱因斯坦冷凝现象。该现象中，气体中所有玻色子的状态是完全一样的，这与世界上其他事物的性质非常不同，十分独特，甚至连爱因斯坦本人都对理论产生了一点怀疑。1925年

12月，爱因斯坦给保罗·艾伦法斯特的信中写道："这个理论非常漂亮，但事实上真的存在这个现象吗？"直到20世纪90年代，在美国科罗拉多州波尔得城国家标准与技术研究所的物理学家通过实验，终于成功获得玻色—爱因斯坦凝聚的实验样本。由于这项实验对物理学发展的巨大意义，参与此项研究的科学家们被授予2001年的诺贝尔物理学奖。

在玻色和爱因斯坦完成1925的研究后不久，物理学家们就发现另外一种不同的方法计算粒子的数量。就在1925年，沃尔夫冈·泡利提出著名的"泡利不相容原理"——两个电子不可能处于完全相同的状态。从玻色的"盒子"的角度看来，这意味着在每个盒子里只有两个粒子—— 一个为上旋粒子，另一个则为下旋粒子。意大利裔美国物理学家恩里克·费米和英国科学家保罗·埃德里安·狄拉克继续朝这个方向深入研究。他们认为电子只是一个等级的粒子集合中的一个例子，这些粒子即为"费米子"，是一种如电子、质子或中子等自旋为半整数的基本粒子，具有一种使得不可能有多于一个的粒子占有任何一个特殊的量子力学态的量子力学对称性。这类粒子的计数方法与玻色子的计数方法不尽相同。他们提出，所有的费米子与电子具有相同的性质，所以，根据泡利的不相容原理，只有两个费米子在相同的时间处于相同的状态，顺着这个思路，又引向一个新的计数方法——费米—狄拉克统计法。爱因斯坦对这种统计法颇不以为然。他说他"根本不明白狄拉克在说什么"，而且"这种在天才和疯狂间进行平衡的、令人眩晕的方式实在是非常糟糕"。

玻色子和费米子的不同性质表现在于两者自旋方式的不同。玻色子，如光子，其自旋数为零或整数：0，1，2…而费米子，如电子，其自旋数值为半整数。在某些情况下，费米子聚合在一起可以组成玻色子。例如，在超导体情况下，就是一些材料中的费米子在低温情况下变成玻色子，从而具有了超导的性质。利昂·库珀发现属于费米子的电子可以结合形成所谓的"库珀对"。这些库珀对的行为特征与玻色子的性质相似。由于库珀对超导现象研究的理论贡献，他和约翰·巴丁和罗伯特·施里弗一起获得诺贝尔物理学奖。

爱因斯坦最后一篇重要物理学论文于1935年发表在美国的《物理学评论》上，但他并非唯一的作者，而是与合作者一起完成的。这篇题为《量子力学的理论描述能被认为是完备了吗？》的论文成为爱因斯坦为数不多与人合写而具有很大影响的论文之一。论文的回答是否定的。爱因斯坦认为，量子力学作为一门物理学理论目前尚不完备，没有形成真正完备的理论体系。他对量子力学的不满意颇有些年月了，为此还参与了许多关于这个题目的辩论。在这篇文章中，爱因斯坦与年轻的合作者内森·罗森和博利斯·波多尔斯基提出的观点一石激起千层浪。用爱因斯坦自己的话来说，这篇论文“在物理学家中引起了轰动，并在其后兴起的关于量子物理的学术大辩论中扮演重要的角色”。

很多人很奇怪，爱因斯坦，一个曾使用光量子假说来解释光电效应的物理学家，一个曾计算光子动量的量子力学先驱，他是证实光具有波一粒二相形态传播的第一人，最后却对量子力学大加鞭挞。是的，事实确实如此，作为量子力学的创始人之一，他最后对量子力学提出强烈批评。1912年5月，就在爱因斯坦成功地解决比热问题后不久，他给好朋友海因里希·赞格尔的信中，他写下了一句著名的评论：“量子理论越是看起来成功，就觉得它越是愚蠢。”1924年，当他忙于玻色一爱因斯坦统计法时，他给保罗·艾伦法斯特的信中也称：“一个人对量子理论越是推崇备至，就愈加使自己为之所蒙蔽。”

1926年，麦克斯·波恩利用概率论重新阐释量子力学。他在新理论框架中的观点在其他科学家中引起许多共鸣，即物理学所能获得的最好结果也只不过是一系列的概率性结果。在量子力学中，粒子的运动与波无异，从量子力学的等式可知，我们所能确定的是一个粒子“可能”出现在哪一个确定位置，或它“可能”拥有何种动量。这是量子力学目前来说最令人信服的解释，至今还没有其他更好的解释出现。1926年年初，爱因斯坦给波恩的信中写道：“海森堡一伯恩的概念不声不响地离我们而去了，却给所有追求理论完备的人们留下深刻的印象。”在1926年年底，当波恩发表对量子力学的概率论重新表述后，依然没有被量子力学原则所说服的爱因斯坦告诉波恩：“量子力学十分值得关注……这个理论研究产生了很多结果，但它们并没有让我们离上帝的秘密更近些。不管怎样，我确信上帝是不会掷骰子的。”在爱因斯坦的科学观里，他更注重确定性，而非可能性。

爱因斯坦对基本粒子和波之间的缺少相互区别的性质感到很困惑。这些波到底是什么？在物理学中它们意味着什么呢？爱因斯坦认为它们应该被解释成导频波，引导粒子的行进方向。他在寻求一种描述，可以将所谓的“波—粒二相性”从中剔除出去，并认为一些新的物理学领域可能从中脱颖而出，能够调和解决两方面的现象。当维尔纳·海森堡在1927年引入他著名的“测不准原则”时，情况就更难以对付了。海森堡在这个原则中说，人们无法同时准确知道一个粒子所处的位置和其所含动量多少，而提高一个可观察量的测量精确度会提高其他可知量的不准确性，在测量中总会存在一些不确定的地方。比如，同样的原理也可以体现在钢琴的音调上，若想要求钢琴的音调百分之百地纯正则必须让响声无限延续，因为在音调的质量和其长度之间总须有所取舍。在量子力学中，同样的道理，一个粒子的位置与其所拥有的能量也存在两者取舍的问题。更重要的是，海森堡的测不准原则将因果律的概念排除在外。因果律中规定一个事件只有在有某种原因的驱动下才可能发生。比如有一壶水，只有你将它加热烧开了之后才会沸腾。爱因斯坦认为抛弃因果律对于量子力学理论来说代价太大了。尼尔斯·玻尔则是抛弃因果律的领军人物。爱因斯坦与玻尔的友谊十分深厚，他写信给玻尔道：“在我的一生中，很少人能像你一样，只要一出现就能给我带来无比的快乐。”1954年3月20日，爱因斯坦去世前一年，还在信中赞扬了玻尔的科学研究风格。他写道：“他发表自己的意见，永远在摸索着科学真理，仿佛他从来不相信自己是已掌握了确切真理的人。”爱因斯坦还将玻尔形容为“一个真正具有天才的人”。但是他们两人对新生的量子力学的看法分歧严重，两人之间还发生了一系列针锋相对的学术辩论，但谁也说服不了谁。在辩论中，爱因斯坦利用他创造性的“思维实验”不断对玻尔对量子力学的阐述中的问题进行质疑。其中一个著名的“思维实验”便是在1935年爱因斯坦与罗森和波多尔斯基合作的论文中提出的EPR（他们三人名字的头字母）佯谬。

内森·罗森是纽约布鲁克林人，博利斯·波多尔斯基则是苏联逃到美国的政治避难者。两位年轻人在1934—1935年间在普林斯顿高级研究所做研究，当时爱因斯坦也刚到研究所不久。三位物理学家在EPR佯谬问题上紧密合作，这一佯谬刚开始由罗森先想出来，然后再由波多尔斯基执笔将其思想形成为一篇论文。这一佯谬意在利用量子力学自身的矛盾来反驳其完备性。后来这一佯谬在支持玻尔的科学家的努力下被解决了。EPR佯谬思维实验的核心相当简单。将两个粒子放置在一起，使得它们的共同动量和位置都变成可知。然后再将它们远远分开——到此为止，它们间不能进行任何信息“交流”。然后，如果你测定其中一个粒子的自旋，则可以即刻推断出另外一个粒子的自旋，因为这对粒子的自旋在实验开始时便已知道。如果这样的话，量子力学基础之一的测不准原则就有麻烦了，因为它宣称不能同时精确地测准粒子的位置和其所携带的能量。类似地，假设我总是穿着一只红袜子和一只蓝袜子。从统计概率角度看，我左脚穿红袜子的概率为百分之五十。玻尔的理论称，这就是我们所能知道的最大限度。如果你现在将脚放到脱袜的装置中，机器将你右脚的袜子脱下扔得远远的，不久后人们就会发现你的袜子的位置。如果袜子是红色的，人们即使不见你也可以确定你左脚的袜子是蓝色的。所以，如果我们只能获知穿袜习惯的统计学数据，那么与事实显然不完全吻合。爱因斯坦称这个佯谬显示我们能够知道除概率之外的更多东西。爱因斯坦与罗森和波多尔斯基甚至设计出一个非常精妙的“抛袜机”。

这个佯谬给量子力学出了一道难题：如果量子力学是正确的，那么其必不完备。如果它尚不完备，则我们能找出什么样的完备理论呢？我们能否构建一项理论，其基础不建立在统计描述和因果关系的基础上，而是重新回到完备知识的基础上，并重新拾起因果关系？

爱因斯坦—波多尔斯基—罗森的EPR佯谬甚至催生了一个全新的潮流。许多关于量子力学的不同阐释不断被提出，但EPR佯谬对任何想从中获得突破的人都是一座难以逾越的大山。普林斯顿大学的物理学家戴维·博姆（他与麦卡锡政治迫害时期臭名卓著的美国众议院非美活动调查委员会发生冲突，后因拒绝该委员会的听证传唤而被当局拘留，但是后来

又被宣布无罪）在这个方面走出了一条与众不同的道路。博姆颇受爱因斯坦器重，当普林斯顿大学要让他辞职的时候，爱因斯坦曾经一度想将他招至高级研究所。博姆提出，可能存在一些所谓的“隐藏的变量”。如果将这些变量加入到量子力学理论中，可能可以提供一个连贯、一致的理论图景。隐藏变量在很多方面与爱因斯坦提出的“引导波”很相像，但在1964年他们俩的理论遭遇了挫折。约翰·贝尔的研究将他们的理论基本上推翻了。虽然科学哲学家并不喜欢如下的情形：对单个粒子的性质、意义和运动已不再是科学家感兴趣的话题了，因为这意味着确定性被可能性所颠覆，但是玻色、狄拉克、爱因斯坦和费米的工作确实证实了物理学正在经历的转变。在物理学新思潮中，新的重点涵盖的是包含有很多粒子的系统，以及如何对它们进行计数的方法。最新的哲学辩论已不再以玻色或者爱因斯坦及其研究为主题，人们更加热衷于关于基本粒子如何计数或如果在它们可能无法区别的情况下，这些粒子到底能否进行计数。想象一下，如果你参加一个聚会，发现里面的人外貌、衣着和体形完全一模一样，就像是克隆出来那样相似，并且不断来回走动。在这种情况下你怎么才能数出到底来了多少客人呢？

量子力学和广义相对论，这两个一个世纪前建立的物理学科正是爱因斯坦给人类留下的宝贵遗产。世界上的物理学家、物理史学家与物理哲学家，以及其他领域的很多研究者都在全力以赴地探索爱因斯坦深邃的思想和他博大精深的科学的秘密。这个历史上最伟大的物理学家直至去世还在继续孜孜探索着他所确信存在的“终极理论”，这一科学精神更是激励今天的人们以更大热情去拥抱科学、拥抱自然，去探索广袤的宏观宇宙和神奇的微观宇宙。

尾声
爱因斯坦的遗产

正如我们在前面的章节中所叙述，爱因斯坦的一生充满了矛盾。虽然他称自己是一个“专注、执著的和平主义者”，但他在第二次世界大战期间却因为担心纳粹德国可能抢先研制出具有毁灭性威力的原子弹，而力促美国总统富兰克林·罗斯福尽快开始实施美国的核计划。他也是一个人道主义者，并且热爱孩子和动物，却经常忽视自己的亲生儿子和妻子。虽然他自己声称是个不合群的人，但他却与许多人结下终身不渝的深情厚谊，并跟很多人保持着大量的书信来往。同时他常常公开支持一些社团和理念，并为之不懈奋斗。他为自己的犹太血统和文化上的犹太复国主义而骄傲，却并不固守犹太陈规、信仰犹太宗教。他不信仰传统宗教教义，也不相信个人的上帝，却对人与自然规律和谐相处抱有坚定的信念，即他所声称的“宇宙宗教”。年轻时，他对德国的军事主义和严格的学校规章深恶痛绝，然而却回到德国待了很长时间，并在希特勒上台之前享受那里的学术氛围和良好的环境。他的一生都保持着温良谦恭，却将自己在科学上的成就归功于儿时的好奇心和对传统观念的怀疑和质问。虽然并不喜欢在公众场合抛头露面，爱因斯坦却能十分熟练地利用媒体，并通过自己的名望来达成自己所坚信的理想。他在20世纪初期所建立起来的物理学大厦，为人类社会的科学技术水平带来前所未有的发展。

附　录

爱因斯坦的大脑

爱因斯坦去世后，他的大脑和眼睛在尸体解剖时被人们保存下来，其余部分在1955年4月18日去世的当天下午被火化。爱因斯坦的朋友经济学家内森·罗森和物理学家保罗·奥本海默谨遵其遗嘱，没有保留他的骨灰，可能被秘密撒飞于离普林斯顿不远的特拉华河。爱因斯坦去世的消息很快传遍了整个世界，多如潮水的唁电从世界各地涌向普林斯顿，媒体上连篇累牍地发表悼念文章。

伟人去世后，他的大脑和眼睛被保存下来的消息也不胫而走，全世界都知道了这个传奇的大脑。他的大脑和眼睛据说将用于未来的研究。病理学家托马斯·哈维博士负责爱因斯坦的尸体解剖工作，在没有经过家人许可的情况下，将爱因斯坦的大脑保存到一个充满甲醛溶液的广口瓶中。另外一个病理学家亨利·亚博兰姆斯博士则获得医院许可，并从爱因斯坦去世时的私人医生盖伊·迪恩那里获得书面授权后摘取了爱因斯坦的眼睛。很明显，这样未经允许摘取人体器官的事在尸体解剖时并不少见。

尸体火化后，爱因斯坦家人才知道这件令人震惊的事。根据卡罗琳·艾尔伯特在她《拥有天才》一书中的记载，托马斯·哈维在摘取爱因斯坦的大脑时，遗嘱执行人内森·罗森正在停尸间，对事情的整个经过都知情。后来在各方斡旋下，爱因斯坦家人最终同意哈维博士可以保留他所摘取的大脑，但条件是只能用于科学研究。哈维博士至少将大脑的三个部分分给其他科学家进行研究，不过，目前为止只对其中一份进行了研究。1985年，美国加利福尼亚大学伯克利分校的教授马里恩·代尔蒙德（Marian Diamond）在一篇发表于《实验神经学》杂志上的文章中指出，爱因斯坦大脑的左半球的神经胶质细胞（为神经元提供营养的大脑组织）的水平比一般人的高（人脑的左半球一般是控制数学和语言技巧的区域）。此后，加拿大安大略州麦克马斯特大学的神经科学家桑德拉·怀特森（Sandra Witelson）于1999年6月在英国久负盛名的医学杂志《柳叶刀》上，发表了一些关于爱因斯坦大脑的研究结果。对哈维1996年给他们的爱因斯坦大脑的一部分进行深入研究之后，怀特森的研究小组进而对天才大脑进行了迄今为止唯一的一次整体研究。研究者们将爱因斯坦的大脑与具有正常智力水平的三十五个男人和五十六个女人的大脑进行比较。他们发现在爱因斯坦的大脑中，与数学推理有关联的大脑区域，即脑部的下顶叶部位，比一般人脑同部分体积要大百分之十五左右。此外，他们还发现一般人的脑沟通常是从大脑前部一直延伸到后脑。但是爱因斯坦的左右脑半球之间的这个沟槽比一般人的短，而且也更不明显。怀特森据此认为第二个不同可能是爱因斯坦超凡智能的原因，因为两个半球间脑沟与众不同的分际允许更多的营养成分进入这块区域，从而使得两个脑半球之间建立联系更加容易。爱因斯坦大脑的其他部分则显得比一般人的小一些，因此整个脑部的重量与一般人的相差不多。

人们对爱因斯坦大脑探索的漫长历程已被人写成书，马歇尔·帕特尼提和卡罗尔·亚伯拉罕就写了好几本书。最近，爱因斯坦的大脑又被送回普林斯顿医院，即现在的普林斯顿大学医学中心。普林斯顿大学的病理学专家艾略特·克劳斯博士负责对它进行妥善保存和研究。

参考书目

卡罗琳·艾尔伯特——《拥有天才：爱因斯坦大脑的奇异之旅》，纽约，圣马丁出版公司，2001年版。

杰里米·伯恩斯坦——《量子简介》，新泽西，普林斯顿大学出版社，1991年版。

爱丽丝·克拉普莱斯——《亲爱的爱因斯坦教授：爱因斯坦与孩子们的通信》，纽约，阿姆赫斯特·普罗米修斯书社，2002年版。

爱丽丝·克拉普莱斯——《爱因斯坦最后的冥思》，普林斯顿大学图书馆年鉴，2003年秋版。

爱丽丝·克拉普莱斯——《爱因斯坦年鉴》，巴尔的摩，约翰斯·霍普金斯大学出版社，2004年版。

爱丽丝·克拉普莱斯——《爱因斯坦名言录》，新泽西，普林斯顿大学出版社，2005年版。

罗纳德·克拉克——《爱因斯坦的一生和他的时代》，纽约，克罗韦尔出版公司，1971年版。

《爱因斯坦论文集》（CAPE），多位编辑和翻译者参与编纂工作，全书一至九卷，新泽西，普林斯顿大学出版社，1986年—2004年版。

克莱门特·V.达雷尔——《相对论简易读本》，由弗里曼·戴森作序，伦敦，乔治·贝尔父子出版公司，1962年版。

艾尔伯特·爱因斯坦——《看法与主张》，纽约，克罗韦尔出版公司，1954年版。

艾尔伯特·爱因斯坦——《相对论的意义》，第五版，新泽西，普林斯顿大学出版社，1956年；普林斯顿科学图书馆，1988年版。

阿尔布雷克特·弗尔逊——《艾尔伯特·爱因斯坦》，纽约，维京出版公司，1997年版。

霍华德·加德纳——《创新想法的产生——创造力解析》，纽约，基础丛书公司，1993年版。

罗格·海菲尔德、保罗·卡特——《艾尔伯特·爱因斯坦的私生活》，伦敦，费伯出版公司，1993年版。

麦克斯·亚默尔——《爱因斯坦与宗教》，新泽西，普林斯顿大学出版社，1999年版。

弗雷德·杰罗姆——《爱因斯坦档案——埃德加·胡佛针对世界上最著名科学家的战争》，纽约，圣马丁出版公司，2002年版。

萨奇·斯里·甘塔——《爱因斯坦辞典》，康涅狄格州韦斯特波特，格林伍德出版社，1996年。

赫尔格·克拉格——《宇宙起源理论及其争议——关于宇宙起源两种理论的历史发展》，新泽西，普林斯顿大学出版社，1999年版。

赫尔格·克拉格——《量子世代——20世纪物理学史》，新泽西，普林斯顿大学出版社，2002年版。

丹尼斯·奥弗比——《爱因斯坦的爱情——一段科学罗曼史》，纽约，维京出版公司，2000年版。

埃德·阿兰·艾萨克斯主编——《牛津物理学词典》，牛津，牛津大学出版社，2000年版。

亚伯拉罕·佩斯——《上帝不可捉摸——爱因斯坦的科学和生活》，纽约，戴尔出版社，2000年。

米兰·波波维奇——《在丈夫的阴影下——爱因斯坦首任妻子米列娃的生活和信件》，巴尔的摩，约翰斯·霍普金斯大学出版社，2003年版。

阿尔弗雷德·布什、爱丽丝·克拉普莱斯——《普林斯顿大学图书馆编年》第65卷第1辑（2003年秋天），收录由阿尔弗雷德·布什和爱丽丝·克拉普莱斯撰写的一篇关于凡托娃与爱因斯坦关系的文章，其中涉及爱因斯坦写给凡托娃的情诗由阿尔弗雷德·恩格尔翻译。

于尔根·雷恩、罗伯特·舒尔曼主编——《艾尔伯特·爱因斯坦／米列娃·马利奇情书集》，译者为肖恩·史密斯，新泽西，普林斯顿大学出版社，1992年版。

伊丽莎白·罗伯茨·爱因斯坦——《汉斯·艾尔伯特·爱因斯坦》，艾奥瓦城，艾奥瓦大学出版社，2002年版。

罗森克兰茨·泽埃夫——《爱因斯坦资料拾零》，巴尔的摩，约翰斯·霍普金斯大学出版社，2002年版。

保罗·席尔普主编——《科学家与哲学家艾尔伯特·爱因斯坦》，伊利诺伊州埃文斯顿，当代在世哲学家丛书，1949年版。

约翰·施塔赫尔主编——在特拉沃·利普斯康姆、爱丽丝·克拉普莱斯和山姆·埃尔沃西协助下编撰《爱因斯坦的奇迹之年》，新泽西，普林斯顿大学出版社，1998年初版，2005年再版。

生平及大事年表

1876年

赫尔曼·爱因斯坦与保利娜·科赫在德国南部康斯塔特结婚。

1879年

3月14日，上午11时30分，艾尔伯特·爱因斯坦出生在德国南部巴伐利亚省、多瑙河左岸的古老小城乌尔姆的邦赫夫街135号。

1880年

夏天，6月21日，爱因斯坦举家搬往慕尼黑。赫尔曼开始在那儿从事电器生意。

1881年

11月18日，爱因斯坦的妹妹玛雅诞生。

1884年

经历第一次惊奇：爱因斯坦被父亲送给他的指南针迷住了，他感受到自然界中存在的无形的力。同时接受家庭教师的启蒙教育。

1885年

爱因斯坦开始学拉小提琴。当年秋天，他开始在一个天主教社区小学上学，他是班里唯一的犹太小孩。在家则由一位远亲教他犹太教知识，开始对宗教产生好奇。

1886年

爱因斯坦进入慕尼黑公立学校。在家学习犹太教知识和传统。

1888年

九岁的爱因斯坦进入慕尼黑一家九年制鲁伊波尔德高级文法中学，接受学校对学生进行的宗教教育。

1889年

开始接触医学院学生麦克斯·泰尔米。他引导爱因斯坦看了许多科学和哲学的经典著作，并与爱因斯坦一起讨论科学和哲学问题。同年 4 月，纳粹头子阿道夫·希特勒出生在奥地利。

1890年

爱因斯坦对宗教的狂热爱好阶段，持续了大约一年。爱因斯坦已能独立证明平面几何中的毕达哥拉斯定理（勾股定理），并且对解难题和谜语产生了浓厚的兴趣。

1891年

经历幼年的第二次惊奇体验，爱因斯坦阅读了来自当工程师的叔叔雅各布给他的“神圣的几何书”。从这年开始，他开始阅读包括微积分在内的高等数学基础。

1892年

爱因斯坦的小提琴已拉得很好了，他继续努力地看各种各样的科学书籍。

1894年

全家移居意大利，先到米兰，然后去帕维亚，最后再次回到米兰。但爱因斯坦很不情愿地遵父母之命留在慕尼黑继续学业。在学校的生活很不快乐，老师责备他对老师不尊敬，败坏了班级风气，因此说他以后不会有什么出息。

1895年

到达意大利米兰与家人团聚。第一次报考瑞士苏黎世联邦技术大学，尽管数学和物理成绩优秀，但由于文史等非自然科学方面成绩不理想，未被校方录取。在大学校长的引荐下，爱因斯坦进入瑞士阿尔高郡阿劳中学，开始为期一年的大学预科学习。

1896年

年初，十七岁的爱因斯坦向德国当局提出放弃德国国籍的申请，并于同年2月28日获得出生地德国乌尔姆签发的文件，正式宣布退出德国国籍。此后的五年中，他等待在瑞士的居留期达到入籍要求，这段时间他成了没有国籍的世界公民。夏天，他以优异的成绩从阿劳中学毕业，数学和物理成绩皆为满分。10月29日，进入苏黎世联邦技术大学，学习物理学专业。与同学米列娃・马利奇开始交往。开始结识同学、终生好友格罗斯曼。

1897年

爱因斯坦在苏黎世遇见贝索，开始了他们持续终生的友谊。

1898年

爱因斯坦与米列娃交往更加密切，两人坠入爱河。

1899年

10月19日，爱因斯坦向瑞士当局正式提出该国国籍申请。与母亲和妹妹一起在瑞士度过暑假。

1900年

爱因斯坦从苏黎世联邦技术大学毕业，获得大学毕业证书，但是成绩平平。这年秋天，爱因斯坦为获得留校任助教做的努力失败了，没有得到校方推荐的任何职位。他在找工作之余一直坚持思索自己感兴趣的物理学问题。12月13日，仍处于失业中的他向《物理学纪事》投出了他的第一篇论文。

1901年

2月21日取得瑞士国籍，宣誓成为瑞士公民。3月13日，因为扁平足、汗脚及腿部静脉曲张，被宣布不适宜服瑞士兵役，免于兵役之苦。第一篇论文《由毛细血管现象所得到的推论》发表在1901年3月的《物理学纪事》上。3—4月，为了找工作，爱因斯坦分别向莱比锡的奥斯特瓦尔德和莱顿的昂内斯提出申请，但是都没成功。5—7月，爱因斯坦在温特图尔中等技术学校临时代课。开始关于气体分子动力的博士论文的写作，并于11月提交给苏黎世联邦技术大学。12月，在好友格罗斯曼的帮助下，他向伯尔尼的瑞士联邦专利局提交求职申请。

1902年

大约1月，私生女莉莎在匈牙利米列娃父母家出生。2月21日，爱因斯坦来到伯尔尼。结识了索洛文、哈比希特。爱因斯坦放弃申请苏黎世联邦技术大学博士学位。6月16日，得到伯尔尼专利局的正式任命，成为专利局的三级工程师，年薪3500瑞士法郎。10月10日，父亲赫尔曼在意大利米兰去世。

1903年

1月6日，爱因斯坦与米列娃在伯尔尼结婚。哈比希特、索洛文和爱因斯坦建立“奥林匹亚科学院”。12月5日，向伯尔尼自然研究者协会提交“电磁波理论”的论文。9月，爱因斯坦夫妇打算将女儿莉莎以收养的形式带回到自己身边，但就在米列娃到匈牙利布达佩斯的时候，被告知莉莎患上了猩红热。此后，关于这个女儿的消息就很少出现，她的行踪也成了一

个谜。爱因斯坦与这个女儿从未见过面。米列娃再次怀孕。

1904年

5月14日，爱因斯坦的长子汉斯·艾尔伯特诞生。9月16日，在伯尔尼专利局的试用职位转为正式职位。

1905年

人们将这年称为爱因斯坦的“奇迹之年”，以表达对他在这一年中取得的巨大成就的尊敬。3月17日，爱因斯坦完成光量子假说的论文《关于光的产生和转化的一个启发性观点》，对光电效应进行了阐释。4月30日，爱因斯坦完成关于测定分子大小新方法的博士论文《论分子大小测定的新方法》。5月11日，《物理学纪事》收到爱因斯坦关于布朗运动的论文。7月30日，又收到第一篇关于狭义相对论的论文《论移动物体的电动力学研究》，并发表于当年9月26日。9月27日，收到第二篇关于狭义相对论的论文，其中基本上得出众所周知的著名等式$E=mc^2$，这篇论文发表于11月21日。12月19日，《物理学纪事》收到爱因斯坦第二篇关于布朗运动的论文。

1906年

1月15日，正式获得苏黎世联邦技术大学的博士学位。3月10日，爱因斯坦被伯尔尼专利局擢升为二级技术专家，薪水涨到每年4500瑞士法郎。11月，爱因斯坦完成关于固体比热的论文，这也是第一篇固体量子理论的论文。

1907年

发现匀加速力学系统的等效原理，并将该原理推广到电磁现象的分析中。他开始试图寻找大学中的职位。6月17日，爱因斯坦申请伯尔尼大学的低薪讲师一职未果，因为没有提交必须的资格论文而遭拒。

1908年

2月28日，第二次申请伯尔尼大学的职位获得通过，成为大学的低薪讲师。妹妹玛雅以优异的成绩从伯尔尼大学毕业，获拉丁语言博士学位。

1909年

7月，爱因斯坦第一次获得学术荣誉，日内瓦大学授予他荣誉博士称号，并邀请他出席大学建校350周年庆祝活动。9月，到萨尔茨堡参加“德国自然科学家和医生协会”第81届年会。7月6日，爱因斯坦向伯尔尼专利局提出辞呈，不久也辞去了伯尔尼大学的低薪讲师的工作。10月15日，爱因斯坦成为苏黎世大学物理学副教授，开始年薪为4500瑞士法郎。

1910年

3月，爱因斯坦的妹妹玛雅与保罗·温特勒结婚。7月28日，爱因斯坦的次子爱德华出生（后来20岁时患上精神病，1965年死于瑞士苏黎世的一家精神病院）。10月，爱因斯坦完成了一篇临界乳光的学术论文，其中解释了天空呈现蔚蓝色的原因。这是他在经典统计物理学方面最后一项主要工作。

1911年

奥匈帝国皇帝弗朗茨·约瑟夫签署命令，任命爱因斯坦为布拉格查尔斯德文大学理论物理研究所的主任，于4月1日生效。他随即辞去苏黎世大学的工作，举家搬到布拉格。10月29日—11月3日，参加第一届索尔维大会，作关于比热问题的发言。

1912年

婚姻陷入困境的爱因斯坦开始与离婚的表姐爱尔莎交往，两人发生恋情，经常互通书信保持秘密联系。10月，接受瑞士苏黎世联邦技术大学（ETH）的教授职位，离开布拉格回到瑞士。

1913年

9月，爱因斯坦一家四口到匈牙利诺维萨德（后来属于南斯拉夫）看望米列娃的父母，在米列娃的坚持下，大儿子汉斯·艾尔伯特和次子爱德华在她家乡当地的东正教堂接受洗礼。11月，爱因斯坦被选为普鲁士科学院院士，他还被聘为柏林大学研究教授，这职位可以让他免于课堂教学之累。同时，他还将出任马上就要运作的威廉皇帝物理学研究所的所长。接受了柏林的任命后他辞去了苏黎世联邦技术大学的工作。

1914年

4月，爱因斯坦到达柏林赴任新教职，米列娃和孩子们也一同前往。但她和孩子们不久便返回苏黎世，因为在柏林过得不开心。8月，第一次世界大战爆发了。

1915年

爱因斯坦参与《致欧洲人宣言》联署活动，倡导所有热爱欧洲文化的人士团结起来组成欧洲人联盟，保护欧洲的文化。这可能是他首个公开的政治声明。12月，完成广义相对论的逻辑结构的构建工作。

1916年

爱因斯坦在《物理学纪事》杂志上发表系统总结广义相对论的文章——《广义相对论的基础》，后来出版了单行本，成为他的第一本学术专著。5月，当选为德国物理学会的主席。发表了三篇论文，讨论量子力学方面的问题。

1917年

2月，完成他首篇关于宇宙起源的论文。因肝病、黄疸病和胃溃疡而病倒，卧病在床十分虚弱。生病期间，爱尔莎一直陪伴在身边照顾他。10月1日，成为正式成立的威廉皇帝物理学研究所的所长。第一次世界大战后，爱因斯坦拥有德国和瑞士双重国籍。

1918年

2月，爱因斯坦发表第二篇关于引力波的论文，提出引力辐射的四极公式。11月，爱因斯坦谢绝了苏黎世大学和联邦技术大学的联合邀请，决定继续留在柏林。

1919年

2月14日，爱因斯坦与米列娃正式离婚。离婚协议中规定，如果他未来获得诺贝尔奖金，这笔奖金将归米列娃所有。米列娃可以自由支配存款的利息，但若要动用本金必须经过爱因斯坦的同意。通过这笔钱，米列娃可以负担她自己和孩子们的日常开销，保证他们的经济来源。5月29日，发生了一次日全食，亚瑟·爱丁顿爵士通过实地考察测得水星近日点的光线弯曲现象，证实了爱因斯坦的预测；爱因斯坦成为众所瞩目的公众人物，名望如日中天。6月2日，与表姐爱尔莎结婚，爱尔莎与前夫所生的两个女儿也与他们生活在一起。当时大女儿艾尔丝22岁，小女儿玛戈特20岁。1919年底，通过与犹太活动家库尔特·布卢孟菲尔德的亲密交往，爱因斯坦对犹太复国主义产生了兴趣。

1920年

2月20日，爱因斯坦的母亲保利娜·爱因斯坦在柏林去世。德国民众当中反犹太情绪和反相对论的浪潮愈演愈烈，2月12日，他在柏林大学发表演讲时出现骚乱，但此时爱因斯坦对德国还保持忠诚，他在报纸上发表声明称，尽管骚乱可能是一种反犹太活动，但还没有听到反犹太言论，他希望通过自己的努力和善意改进这个社会。9月8日，爱因斯坦在给德国文化部长赫尼希（Konrad Haenisch）的信中称，柏林是他感到同人类和科学联系最密切的地方，只有当外部环境迫使他出国时，他才会响应国外的邀请离开德国。他的非科学研究的社交活动越来越多，对政治产生了浓厚兴趣，开始发表许多非科学的文章。

1921年

4月与5月，爱因斯坦与爱尔莎第一次访问美国。在美国期间，拜会美国总统哈丁，接受普林斯顿大学的荣誉博士学位，并在大学作了四场关于相对论的演讲。后来他的这个系列演讲被整理出版成书，题为《相对论的意义》。他跟英国犹太人协会会长、后来成为以色列第一届总统的魏茨曼一起在美国游说，为耶路撒冷希伯来大学筹款。归途中，爱因斯坦在伦敦停留，瞻仰了牛顿墓。

1922年

爱因斯坦完成关于统一场论的首篇论文。从10月到12月，他接受邀请访问日本，并且在途中经停多个远东国家和地区。11月，就在他往上海的途中，得知自己获得1921年的诺贝尔物理学奖。

1923年

访问巴勒斯坦和西班牙。7月，爱因斯坦在瑞典哥德堡为答谢诺贝尔奖作关于相对论的演讲。

1924年

继女艾尔丝与鲁道夫·凯塞结婚。他是一名记者，并且后来成为爱因斯坦的传记作家。在爱因斯坦与爱尔莎结婚前，艾尔丝曾一度考虑嫁给爱因斯坦，因为爱因斯坦称他爱上了她。

1925年

到南美观光旅游。声援印度民族解放运动领导人甘地的非暴力不合作运动，并且在一份联合宣言上签字，支持废除强制性兵役。成为狂热的和平主义者。接受英国皇家科普莱（Copley）奖章。从这时起一直到1928年，爱因斯坦成为耶路撒冷希伯来大学董事会成员之一。

1926年

英国皇家天文学会授予爱因斯坦金质奖章。

1927年

爱因斯坦的大儿子汉斯·艾尔伯特不顾父亲的反对与弗里达结婚。10月，第五届索尔维大会开始，爱因斯坦与玻尔关于量子力学的辩论从此开始。

1928年

爱因斯坦再次病倒，这次是因为心脏病。他在病榻上养了好几个月，但是一整年都因为这次突如其来的疾病身体十分虚弱。4月，爱因斯坦雇用私人秘书海伦·杜卡斯，她负责帮助爱因斯坦处理工作方面的事务，同时也帮助爱尔莎处理家庭的事情，事实上成为他们家庭的一分子。

1929年

爱因斯坦与比利时伊丽莎白王后开始他们长期的真挚友谊。6月，爱因斯坦获得普朗克奖章。

1930年

爱因斯坦的第一个孙子、汉斯和弗里达所生的长子伯纳德在瑞士苏黎世出生。另外一个继女玛戈特也出嫁了，嫁给迪米奇·马里安诺夫（后来他们的婚姻以离婚告终）。爱因斯坦在一个倡导世界裁军的宣言上签名支持。12月，爱因斯坦再次访问美国，在纽约停留，访问普林斯顿大学。最后到达加利福尼亚州帕萨迪纳的加州理工学院停留至1931年3月。12月19—20日，爱因斯坦访问古巴。

1931年

5月，访问英国牛津大学，作了一系列学术演讲，并接受牛津大学授予的荣誉博士学位。然后回到德国，在柏林郊区西南部的开普什家中度过夏天。12月，爱因斯坦与爱尔莎再次踏上到美国帕萨迪纳的旅途。

1932年

从1月到3月，爱因斯坦再次在美国加州理工大学居留。4月开始返回柏林。后来同意接受美国新泽西州普林斯顿高级研究所的职位。当时该研究所尚处于筹建状态。12月，再次到达美国。

1933年

1月30日，纳粹在德国掌握了国家权力。爱因斯坦辞去普鲁士科学院院士的职位，再次放弃德国国籍（但仍然保留瑞士国籍），不再返回德国。他与爱尔莎从美国返回欧洲，到比利时临时居住。继女艾尔丝、玛戈特和私人秘书海伦·杜卡斯及助手沃尔特·迈尔到比利时与他们会合。比利时政府给爱因斯坦一家派遣了护卫以保证他们的安全。6月，访问英国牛津大学，他在那里作了一系列学术演讲。后来他回到瑞士，见了次子爱德华最后一面。艾尔丝的丈夫鲁道夫·凯塞设法将爱因斯坦留在柏林的文件资料等运到法国，并最终运送到美国。10月初，爱因斯坦与妻子爱尔莎、海伦·杜卡斯、沃尔特·迈尔一起离开欧洲，并于10月17日到达美国纽约。艾尔丝与玛戈特及她们的丈夫继续留在欧洲。与弗洛伊德共同发表《为什么战争》的声明。开始在普林斯顿高级研究所的教授生涯，并暂时居住在普林斯坦大学校园的琼斯大厅的宿舍。

1934年

7月10日，继女艾尔丝因病在巴黎去世，年仅37岁。玛戈特和迪米奇·马里安诺夫后来也到了普林斯顿与爱因斯坦在一起。艾尔丝的丈夫鲁道夫·凯塞留在欧洲。

1935年

秋天，爱因斯坦一家搬到普林斯顿马舍尔大街112号，爱因斯坦和妻子爱尔莎、继女玛戈特、妹妹玛雅和海伦·杜卡斯均在此度过余生。接受美国的富兰克林奖章。

1936年

汉斯·艾尔伯特获得瑞士苏黎世联邦技术大学博士学位。12月20日，爱尔莎长期以来的心脏病和肾脏病恶化，在普林斯顿去世。

1939年

爱因斯坦的妹妹玛雅·温特勒—爱因斯坦来到美国，住在哥哥马舍尔大街112号的家中。8月2日，爱因斯坦在给富兰克林·罗斯福总统的那封著名的警告纳粹可能研制原子弹，敦促美国也应该尽速在进行原子弹研究的信上签名。第二次世界大战在欧洲爆发。

1940年

申请美国公民资格获得通过，保持美国和瑞士双重国籍直至去世。他的申请是通过特别程序，直接由美国国会依据法案主动提出，其本人更希望通过正常程序获得通过，即使时间可能长一些。

1941年

12月，美国宣布参与第二次世界大战。

1943年

成为美国海军军械局爆炸物与军火研究与发展部科学顾问。

1944年

爱因斯坦根据印刷版重新抄写了他1905年关于狭义相对论的论文，并将拍卖所得600万美元全部捐献给美国政府，为支持正在进行的战争而努力。

1945年

第二次世界大战结束。爱因斯坦也从普林斯顿高级研究所正式退休，获得一笔退休金，但高级研究所依然保留了他的办公室直至他1955年去世。在纽约发表演讲《战争赢了，但和平却没有来临》。

1946年

爱因斯坦的妹妹玛雅不幸罹患中风从此瘫痪在床。爱因斯坦成为原子能科学家紧急委员会主席。他写公开信敦促联合国组建一个世界政府，宣称这是维持世界和平的唯一出路。

1947年

汉斯任加州大学伯克利分校的水利工程学教授。

1948年

8月4日，爱因斯坦前妻米列娃在瑞士苏黎世去世。12月，经认真检查，爱因斯坦的医生告知，他的腹部大动脉上长了一个大动脉瘤（非正常动脉扩张）。

1949年

“讣告”发表，这是爱因斯坦为当代在世哲学家文库写的科学回顾，题为《自述》。

1950年

3月18日，在他的最后遗嘱上签名，指定他的朋友内森·罗森作为他的遗嘱执行人，罗森和私人秘书海伦·杜卡斯为财产托管人。在罗森和杜卡斯死后，他所有的文字和资料财产被移交给耶路撒冷的希伯来大学（后来，这些资料在海伦·杜卡斯去世前几个月便被移交完毕）。

1951年

6月，爱因斯坦的妹妹玛雅在普林斯顿去世。

1952年

爱因斯坦被提名为以色列总统候选人，但被他公开拒绝。

1954年

爱因斯坦罹患溶血性贫血。发表声明支持奥本海默，最后一次会见玻尔。

1955年

3月15日，终生好友贝索去世。4月11日，爱因斯坦应英国哲学家、科学家贝特朗·罗素之邀在一份声明信件上签名，同意签署联合宣言敦促世界上所有国家放弃原子能武器。4月13日，爱因斯坦腹部的动脉瘤破裂。4月15日，爱因斯坦被送进普林斯顿医院。4月18日凌晨1点15分，爱因斯坦因为动脉瘤破裂导致的并发症病情恶化、与世长辞。他去世前拒绝做手术以延长生命。